AF555266

PORTRAITS

CRITIQUES ET BIOGRAPHIQUES

DÉS

CANDIDATS A LA PRÉSIDENCE.

IMP. MAULDE ET RENOU,
Rue Bailleul, 9.

PORTRAITS

CRITIQUES ET BIOGRAPHIQUES

DES

Candidats à la Présidence

PAR PIERRE ET PAUL.

PARIS

GARNIER FRÈRES, LIBRAIRES

215, Palais-National, et 10, rue Richelieu.

1848

AVANT-PROPOS.

La parole est aux faits.

Plus de polémique : l'histoire !

Qui de nous n'a assisté, comme témoin, comme juré, ou comme spectateur aux dernières scènes d'un drame judiciaire?

Alors que l'accusation a formulé ses charges;

Alors que les témoins ont dit ce qui les corrobore ou les affaiblit;

Alors que la défense a présenté ses moyens:

Le jury est indécis, il a la tête un peu troublée par les exagérations de métier de celui qui soutient la culpabilité, et de celui qui la combat.

Il appelle un rayon de lumière qui pénètre ce nuage d'exordes, d'apostrophes, de fictions oratoires, de péroraisons, de discussions, et toute cette poudre d'éloquence qu'ont secouée autour de lui ceux qui sont payés pour trouver un coupable ou pour proclamer un innocent.

C'est en ce moment qu'une voix grave et sévère se fait entendre.

Elle part du pied de la croix qui domine le tribunal :

C'est celle du président.

Il résume les faits, éclaircit les dépositions, écarte les plis de la simarre rouge de l'accusateur, secoue la robe protectrice du défenseur, et fait sortir la vérité du milieu de ces voiles qui la dissimulaient en mal comme en bien.

La France, en ce moment, est un vaste jury.

Le moment approche où elle va avoir à se prononcer sur la cause qui se débat devant elle.

Quatre citoyens, je ne dirais pas quatre prévenus, sont venus, d'eux-mêmes, sans que rien les y forçât, sans gendarmes, sans menottes, faire appel à son jugement.

Il faut qu'elle dise non pas qui est le coupable, mais qui est le capable, et quel est celui qu'elle enverra non pas au bagne de Brest et de Toulon, mais aux travaux forcés de la présidence d'une république démocratique et sociale.

Il ne s'agit pas de l'échafaud, mais du fauteuil présidentiel...

Il est vrai qu'il peut avoir la forme du siége où s'assit, à Venise, le doge Marino Faliero.

En attendant que l'un d'eux s'y installe, et pour presser ce moment, les prétendants sont là sur la sellette...

Véritable scène de Cour d'assises, vous dis-je.

Les témoins ont été entendus, les accusateurs n'ont pas fait défaut.

Ils sont accourus avec la menace et l'insulte à la bouche.

Ils ont emprunté aux soldats du prétoire la pourpre dérisoire et la couronne d'épines.

Ils sont prêts à dire aussi au peuple assemblé : *Ecce Homo !* voilà l'homme qui se présente pour te gouverner.

Puis la défense s'est levée.

Elle a opposé, aux accusations sans justice, le panégyrique sans pudeur ; aux génuflexions ironiques, des salutations véritables ; au cri : *à bas!* le *vivat* enthousiaste ;

Elle s'est écriée : Au Capitole ! quand les autres vociféraient : Aux gémonies !

N'est-il pas temps que l'assistance crie avec le fausset des huissiers : « Silence, Messieurs ! »

Oui, silence à toutes ces voix individuelles, car la parole universelle va bientôt se faire entendre !

Pour qu'elle soit l'expression sincère du vœu

du pays, ne troublez pas l'examen de conscience qui doit précéder ce moment solennel.

Donc qu'on n'entende plus que les graves et sévères accents d'un résumé impartial.

Que l'histoire soit le magistrat équitable qui close les débats.

La parole est aux faits !

Nous les rappellerons sans haine, sans amour, sans colère, sans prévention, sans peur...

Nous pourrions même ajouter tristement sans espérance, si le ciel, prévoyant les jours de révolutions et de république démocratique, sociale et élective au par dessus, n'en avait pas fait une vertu !

Nous allons demander pour vous à l'histoire qui déjà a commencé pour eux, ce qu'ont fait, ce qu'ont dit les citoyens qui sollicitent vos suffrages, et se mettent en frais pour les obtenir.

Leurs actes, leurs discours seuls parleront. Point de commentaires, de déductions...

Au bon sens, à l'esprit du peuple le soin de conclure.

Le peuple saura bien, sans qu'on le lui dise, où va forcément chacune des routes suivies par chacun des prétendants.

Le passé doit l'aider à résoudre le problème de l'avenir ;

Et quand les termes en seront posés, nous n'aurons plus qu'à lui dire, avec le vieux Corneille :

> Devine si tu peux, et choisis si tu l'oses!

LOUIS BONAPARTE.

Il naquit le 20 avril 1808, aux Tuileries, à l'ombre du trône impérial.

Il naquit prince par la grâce de Napoléon. Napoléon avait fait un roi de son frère. Alors dans chaque famille française tous étaient soldats; Napoléon dans la sienne ne voulait que des rois : *c'est ainsi qu'il comprenait l'égalité*. Il est vrai que chaque giberne de grenadier renfermait un bâton de maréchal et même un sceptre : il ne fallait que l'en faire sortir, et les occasions ne manquèrent pas. Mais avant de mettre la main dessus, que de balles on en tira pour tuer l'indépendance, les nationalités en Europe, et pour meurtrir en définitive le sein de la France! Le fusil qu'on avait mis entre les mains de la fière amazone *repoussait*, et pas un coup ne partit qui ne l'atteignît elle-même dans son bien le plus cher, dans sa liberté.

Le neveu de l'Empereur fut salué à sa naissance par des canons tout chauds encore d'avoir tonné la nouvelle de récentes victoires; et si, fuyant ces présages qui n'annonçaient pas les prospérités de la paix et les douceurs de la fraternité, l'astrologie, comme au vieux temps, avait interrogé les constellations, elle n'eût pu y voir des signes de liberté, car il n'y avait plus au ciel qu'une seule étoile, celle de Napoléon, et dans sa chevelure flamboyante, il se trouvait autre chose que l'emblème de jours libres et heureux.

Sa mère fut cette douce, gracieuse, bonne et charmante femme qui est restée au souvenir de tous comme ces airs pleins de grâce et de mélancolie, harmonieux soupirs que son âme exhalait au sein des fêtes et des grandeurs, et qui mêlaient une note de chevalerie à ces héroïques fanfares de l'Empire. Ce sera, dans le récit épique que l'avenir fera de cette époque gigantesque, une figure pleine de poésie, celle de cette blonde jeune femme, mêlée comme une fée de l'Arioste, aux passes-d'armes de ces hommes de fer. Elle appelait à son aide les Muses et les Beaux-Arts, afin de pouvoir aimer, croire, espérer encore : trois facultés qu'on perd vite dans les cours, aussi bien dans celles de la veille que dans celles du lendemain. Chaque soir l'on trouvait dans son boudoir, autour de sa grande table ronde, le crayon d'Isabey, la harpe de d'Alvimare, tandis que dans le salon voisin, le terrible homme à la redingote grise, devant une carte déployée, fixait son œil de feu sur le royaume à dévorer, sur le peuple à ranger sous son vasselage.

Une femme, qui a été associée aux grandeurs de la cour impériale, a fait d'Hortense, à dix-neuf ans, le portrait que voici :

« Elle était fort remarquable, sans avoir cependant une beauté positive, était fraîche comme une fleur, avait les plus beaux cheveux blonds du monde, et puis, ce qui fait le charme d'une femme, une tournure gracieuse; toute la nonchalance créole et la vivacité française étaient réunies dans une taille svelte comme celle d'un palmier; elle était alors ronde et menue, ce qui est le complément d'une jolie taille. Elle avait de jolis pieds, des mains très blanches avec des ongles bien bombés et rosés; ses cheveux accompagnaient à merveille de leurs grosses boucles soyeuses des yeux bleus d'une douceur infinie et d'une grande puissance de regard; son teint était celui d'une blonde; elle n'avait pas beaucoup de couleurs, H......., mais ses joues reflétaient assez de rose pour qu'elle eût de la fraîcheur. La fraîcheur de son teint sentait bon sans porter à la tête. Sans être grande, elle paraissait d'une taille élevée, parce qu'elle avait un maintien de femme bien apprise qui lui faisait porter la tête deux pouces plus haut qu'une autre.....

« C'était une personne remarquable sous tous les rapports; elle était gaie, douce, parfaitement bonne, d'un esprit fin qui réunissait cette gaîté douce avec assez de malice pour être fort piquant et rendre sa conversation désirable; possédant des talents qui n'avaient nul besoin d'être vantés pour être connus. Une charmante manière de se mettre, des chants improvisés pleins d'harmonie, un talent remarquable pour jouer la comédie, une instruction soignée : voilà ce qui se trouvait dans Hortense de Beauharnais en 1800. »

En lisant ce portrait, nous avons pensé à d'autres pauvres jeunes fleurs qui, elles aussi, s'épanouirent, un instant, dans cette desséchante atmosphère du trône, et ont été flétries et emportées par les tempêtes qui le battent, sans relâche, comme les pics des Pyrénées. Il n'y a pas une chute de royauté qui n'offre quelqu'une de ces pâles victimes à plaindre; le ciel, on le dirait, ne veut pas que le cœur du peuple s'abandonne tout entier à la colère, à la vengeance, et il lui garde toujours, dans ces grandes catastrophes, un nom, une figure qui réveillent sa pitié.

Hortense aussi compta des heures de deuil, même avant que les journées néfastes de l'Empire eussent commencé. Qui ne se souvient de la fatale aventure de cette jeune voyageuse qui bondissait avec elle sur le versant des Alpes, et que le vertige poussa dans d'effroyables profondeurs? Qui n'a pas partagé les angoisses de la reine, quand, elle-même, penchée sur le torrent, suivait d'un regard effrayé ce voile blanc qui descendait, qui descendait, en frôlant les buissons, et sans espoir qu'ils pussent arrêter à leurs frêles épines, cette amie que l'abîme dévorait sous ses yeux?

Et puis la maternité, cette autre royauté qui se gagne

dans la douleur et se perd dans une douleur plus grande encore, lui fut promptement amère. Elle perdit l'aîné de ses fils, celui que Napoléon aimait en père. Les courtisans de toutes les époques ont toujours à leur service une infamie pour expliquer ce qu'ils ne comprennent pas, car ils sont riches en cette sorte de biens; et ils aiment mieux qu'on accuse leur cœur que leur esprit. Ceux de cette époque donnaient à cette tendresse une autre cause..... O la chose désirable qu'une couronne qui ne permet à un oncle d'aimer son neveu, qu'à la condition de passer pour un infâme incestueux!

Ce premier prince Louis méritait bien, assure-t-on, les prédilections de l'empereur; c'était un charmant enfant.

« Il est impossible de bien peindre le jeune prince Louis. Cet enfant eût été, s'il eût vécu, un homme bien distingué; il ressemblait extraordinairement à son père, et conséquemment à l'Empereur. » C'est l'auteur que nous avons déjà cité qui parle ainsi; il est vrai qu'il ajoute aussitôt : « La méchanceté qui a poursuivi l'Empereur jusque dans ses affections les plus saintes, a fait de cette ressemblance une cause de calomnie tellement indigne, que je croirais me manquer à moi-même en la relatant. Le jeune prince était un enfant charmant, d'une bonté d'une fermeté de caractère qui lui donnait également une ressemblance morale avec son oncle. Je conçois que Napoléon dût sourire à l'avenir de la France, en contemplant cet enfant.

« Un jour l'Empereur allait ou venait de passer une revue, son épée et son chapeau étaient sur un fauteuil de salon; le jeune prince, accoutumé à être gâté par l'Empereur qui lui laissait toucher à tout chez lui, s'empara de l'épée, la passa autour de son cou, mit le chapeau sur sa tête, et se mit à marcher derrière l'Empereur avec une grande gravité, en faisant à deux fois le *rataplan* le mieux roulé; l'Empereur se mit à rire. Gérard fit un charmant tableau de cette petite mascarade. »

C'est très joli pour un enfant; mais je doute qu'à

quarante ans, le prince dont il s'agit, s'il eût tenu tout ce qu'il promettait, se fut permis ce que Mme d'Abrantès nomme avec raison une mascarade.

C'est de cet enfant si regretté qu'on raconte encore cette anecdote qui ne laisse pas que d'être piquante :

Le jour où les députés de la Hollande furent admis à l'audience de l'Empereur, il les reçut avec une grande bienveillance, et pour la leur témoigner d'une manière plus marquante, il fit venir le jeune prince Louis-Napoléon, le présenta à la députation et lui dit d'être aimable pour ceux qui venaient demander à son père de les gouverner. Pour être aimable, comme prince, quand on a cinq ans, on ne peut que réciter des fables ou des vers. Le jeune prince ne se fit pas prier et déclama aussitôt la fable des *Grenouilles demandant un roi*. Les grenouilles qui demandent un roi... Belle fable appliquable à d'autres qu'à ces braves Hollandais ! Qu'en pense le prince Louis second?

Napoléon fut vivement affecté de la mort de cet enfant qui changeait ses projets et le poussa dans les grandes difficultés du divorce. Il resta quelques jours invisible aux yeux de son armée campée dans les plaines de Tilsitt. Voulait-il qu'elle ne sût pas qu'il pouvait pleurer?.. On pourrait le croire, car César, à son retour, en voulut, dit-on, beaucoup à un complimenteur qui, faisant allusion à ce deuil de famille, osa dire : « Mais je vois la douleur et le deuil pénétrer dans les camps victorieux. Ils entrent sous la tente où le vainqueur veille pour la gloire de la France, et le héros a pleuré, il a pleuré sur la mort d'un enfant (1). »

D'autres chagrins, avant-coureurs de plus grandes peines, vinrent assombrir l'âme aimante de la reine Hortense. La division se mit entre Napoléon et son mari.

Celui-ci avait aux yeux de l'Empereur le tort immense d'avoir pris au sérieux ce rôle de roi qu'il n'avait ni

(1) Fontanes.

cherché ni sollicité. Il crut que ce sceptre, qu'on lui avait remis, devait être autre chose que l'arme ridicule qu'on met aux mains de l'homme de paille dont on veut effrayer les picoreurs de cerises et de raisins; il voulut s'en servir dans l'intérêt de ceux qu'il avait l'extrême bonhommie d'appeler ses peuples, comme s'ils pouvaient être autre chose que les peuples du grand Empereur.

Que d'autres, emportés par l'esprit de parti, fassent une accusation contre celui qui était roi de la Hollande, de la répugnance avec laquelle il se prêtait à l'exclusion du commerce qui la faisait vivre, nous n'y voyons, nous, qu'un acte de probité, de courage et d'indépendance. Cet acte honore Louis Bonaparte, il prouve qu'il y avait en lui quelque chose de plus royal que le manteau dont l'avait affublé le grand inaugureur de royautés nouvelles : c'était son cœur. Et certes parmi les titres que le Prétendant, dont nous nous occupons, puise dans l'histoire du grand homme, il n'en est pas de plus honorable, selon nous, que cette courageuse et philosophique abdication qui rendit son père à la liberté, à la paix de sa conscience. Etre le neveu d'un grand homme c'est beau, être le fils d'un honnête homme vaut mieux encore. Renoncer au pouvoir quand on a la conviction qu'on ne peut s'en servir à l'avantage du pays qui vous a adopté, être en état de recevoir cette conviction, avoir le courage de lui sacrifier les séductions de la vanité, les incitations de l'ambition, les avidités de ceux qui vous entourent, c'est laisser un bel et grand exemple et nous le recommandons à la méditation de qui de droit.

Ce sacrifice d'une royauté ne put désarmer les destins contraires. Celui qui avait pris, donné et repris tant de couronnes, perdit enfin à ce jeu terrible et ne garda même pas son enjeu; ceux des siens qui s'étaient laissé exiler sur des trônes, perdirent le trône et gardèrent l'exil, et ce fut là, en résumé, ce qu'ils durent à sa munificence fraternelle. Elle aussi, la douce, l'inoffensive Hortense vit venir le temps où elle quitterait le sol de la France où elle avait semé tant de bienfaits. Oh ! c'est vraiment, nous le répétons, un ciel inclément pour les filles, pour les femmes qui s'abritent à l'ombre du pouvoir, ce ciel de France qu'on peut croire, un instant, si caressant pour elles ! Que d'exils, mon Dieu ! nous avons vu commencer pour ces pauvres anges, qui ne songeaient qu'aux Beaux-Arts, qu'aux Muses, qu'aux plaisirs ; qui séchaient les larmes des malheureux, et faisaient de la solde de la royauté la rente de l'indigence ! L'exil pour l'homme est un supplice affreux ; mais il a son courage, sa force ; il a pour se raidir contre ce coup de vent populaire qui le pousse aux rives de l'étranger, l'idée d'une injustice imméritée, d'une intention méconnue, l'espoir d'un appel entendu par la conscience publique ; mais la femme, mais l'enfant. ... O plus de royauté, si la royauté ne peut s'implanter chez nous, sans nous offrir, tous les quinze ans, d'aussi navrants spectacles ! La République !.. oui la République, surtout celle qui dira : Plus d'exil ! plus d'exilé !

Pourtant la première invasion ne fit que blesser les affections de famille de la reine Hortense, et elle n'y perdit que le titre de *reine honoraire*, auquel elle tenait bien, un peu, ainsi qu'elle l'avouait à ses intimes. Alexandre, qu'elle sut captiver, l'avait fait rentrer dans une somme de quatre cent mille francs, et Louis XVIII, qui disait, en parlant d'elle : « Je n'ai jamais vu de femme qui réunisse autant de grâce et des manières aussi distinguées ; » Louis XVIII érigea son apanage en duché de Saint-Leu. Le roi en avait été si charmé quand elle vint le remercier, qu'il en parlait sans cesse ; aussi en plaisantait-on quelque peu à la cour, et les siens lui disaient-ils : « Eh bien ! faites prononcer son divorce et épousez-là. »

Alexandre et Louis XVIII ne furent pas les seuls à rendre hommage à cette séduisante personne. La vieille diplomatie tomba à ses genoux... Metternich, Nesserolde et d'autres la proclamèrent la plus avenante, la plus spirituelle parmi les spirituelles et les gracieuses. Ainsi les conquêtes de l'Empire continuaient dans un salon de l'hôtel de la rue de Cerutti.

Mais ensuite cette retraite si recherchée servit d'asile à de plus sérieuses déclarations de guerre, ou du moins la police de la Restauration la signala, à tort ou à raison, comme le rendez-vous des mécontents qui apprêtaient le retour de l'île d'Elbe. Ce qui pourrait faire croire à la fausseté de ces accusations, c'est que Napoléon, de nouveau installé, pour quelques jours, aux Tuileries, lui fit un très froid accueil quand elle se présenta devant lui, et lui reprocha d'être restée tranquillement à Paris : « Vous avez mis mes neveux *dans une mauvaise position*, lui dit-il, en les gardant au milieu de mes ennemis. »

Aussi, quand la fortune eut de nouveau abandonné César et ses drapeaux, il fallut cette fois quitter, pour toujours, son hôtel où elle avait été plus reine qu'en Hollande. Elle s'en alla donc; elle s'en alla après s'être agenouillée sur le tombeau de sa mère, de cette autre excellente femme qui, disait le peuple, *portait bonheur à l'Empereur*. Elle aussi, la bonne Impératrice, avant le moment marqué pour la chute de tant de royautés improvisées, avait appris comment on descend du trône. Les différentes dynasties napoléoniennes, créées par la fortune de leur chef, tombèrent avec cette fortune; mais Joséphine était tombée par son ingratitude : son cœur avait eu plus à saigner que celui des autres, et elle eût plus que les autres à lui pardonner.

La reine Hortense partit donc; elle avait avec elle ses deux enfants, quoiqu'elle dût en laisser un à son époux. L'ex-roi de Hollande, qui depuis longtemps ne vivait plus avec Hortense, avait en effet obtenu de la justice un arrêt qui lui rendait son fils aîné.

Or, celui qui était encore, à cette époque, prince Louis, avait sept ans, quand pour lui commencèrent les sévères épreuves de l'exil.

Il avait passé au milieu des splendeurs dernières du règne gigantesque qui s'évanouissait, ne faisant remarquer que la profusion de ses beaux cheveux blonds, et un caractère à la fois doux et mutin, ainsi que l'a rapporté Mme d'Abrantès :

« Celui qui est maintenant en Suisse, auprès de sa mère, était aussi un bien aimable enfant. Il était à la fois doux et *mutin*, ce qui plus tard a produit de la bonté et de la force. On l'appelait la *princesse Louis*, en raison de la profusion de ravissants cheveux blonds qui lui donnaient une grande ressemblance avec son excellente et aimable mère. »

La raison du jeune Louis s'éveilla par le spectacle d'angoisses bien cruelles : les douleurs et les terreurs maternelles, tant que dura cette fuite, firent, sans doute, sur ce jeune cœur une impression salutaire.

Cette faible femme ne trouvant pas sur la terre étrangère un toit pour l'abriter elle et ses enfants, errant dans les bois, repoussée des villes et des bourgades, et s'écriant à la fin de sa patience et de son courage : « Je n'ai plus qu'à me jeter dans le lac, car il faut bien que je sois quelque part, » dut regretter amèrement la part qu'elle avait prise à l'éphémère rétablissement du trône impérial ! Elle y avait perdu sa douce vie de quiétude, d'étude et de rêverie, et maintenant elle n'avait plus la chaleur de son soleil et la douceur de la société, « les premiers biens, disait-elle, ponr une âme comme la mienne. »

Mais enfin arriva le moment où les potentats, un peu rassurés par l'exil de Sainte-Hélène, firent peser une proscription moins ombrageuse et moins dure sur les restes dispersés de la famille impériale. La duchesse de Saint-Leu put donc aller chercher en Suisse le repos qui la fuyait depuis neuf ans. Elle s'établit dans le canton de Thurgovie au château d'Etrenemberg. Depuis neuf ans, elle s'était exclusivement occupée de l'éducation de ses enfants. Elle avait retrouvé ses forces pour remplir cette sainte mission. La frêle jeune femme, ce modèle d'élégance et de *désinvolture* sur le théâtre de ses splendeurs passées, avait relevé et tenait la tête plus haute encore qu'elle ne la portait dans ces cercles de princes et de rois dont elle avait été le plus gracieux ornement, elle n'était que reine alors, elle était mère maintenant. L'accomplissement des saints devoirs de la nature donne à la femme une dignité qu'elle ne trouve pas ailleurs.

La duchesse de Saint-Leu avait appelé auprès de son fils un Français, maître de conférences à l'école normale, homme d'un grand mérite nous le croyons, car nous rendons trop de justice à l'esprit droit et juste de la mère du prince Louis, pour croire qu'elle ait été déterminée dans ce choix par un autre motif, la position politique de cet instituteur. En effet il partageait avec le général Cavaignac l'*honneur* d'être le fils d'un conventionnel, et quoique un ami maladroit ait imprimé quelque part que c'était surtout en raison de ses principes républicains que ce savant fut appelé par la duchesse de Saint-Leu à l'honneur de diriger l'éducation de son fils, nous avons tout lieu de penser qu'il en fut autrement. Si l'on soulevait à ce sujet la question du *quoique* et du *parce que*, nous pourrions soutenir la première de ces hypothèses, toujours dans le sentiment de l'intérêt profond que nous portons à la mémoire de cette ex-reine, dont on veut faire, si mal à propos, une républicaine de l'avant-veille. D'ailleurs ce n'est pas une raison parce que l'on est fils d'un conventionnel pour qu'on soit plus imbu ou plus partisan qu'un autre des idées républicaines... Voyez plutôt le fils de Philippe-Egalité!

C'est dans ce moment de notre récit qu'apparaît avec des traits plus précis, plus accusés la figure, du prince Louis. L'enfance est finie pour lui, et le jeune homme se montre avec son caractère, ses goûts, ses tendances qui peuvent faire juger ce qu'il sera le reste de sa vie. On voit tout d'abord en celui-ci la généreuse résolution d'imiter le grand modèle qu'il fait poser devant lui dans l'homme extraordinaire dont le nom fait sa gloire, dont le nom est son plus bel héritage. C'est là une louable étude : en s'habituant à copier un grand original, on se familiarise avec le noble, le grand ; mais il faut apporter beaucoup de discernement dans ces essais d'imitation. Si la figure qu'on s'efforce de reproduire a des défauts, comme ceux-ci sont plus faciles à prendre que les qualités, ce travail opiniâtre ne produit après tout qu'une œuvre peu satisfaisante : les défectuosités du modèle s'y retrouvent, sans la compensation de ses grandes et originales beautés.

Napoléon s'était distingué de bonne heure par son aptitude aux sciences mathématiques ; son neveu se livra avec ardeur à la science des Légendre et des Laplace. Napoléon avait changé l'art de la guerre en calculant, en développant, en perfectionnant la force terrible de l'artillerie ; son neveu n'eût de relâche qu'après avoir mis son nom à un *Manuel d'artillerie*. Son oncle était un grand tacticien ; son neveu profita du voisinage d'un régiment badois, en garnison à Constance, pour se former aux manœuvres militaires. Plus tard, pour compléter la ressemblance, il fut admis au camp de Thoun, réuni chaque année pour l'instruction des officiers de génie et d'artillerie de la Suisse. Il prit part à tous les exercices, le sac sur le dos, la brouette ou le compas à la main, bivouaquant, et mangeant, avec les soldats, le pain de munition. « Habile tireur, excellent cavalier, il se faisait remarquer entre tous, ajoute l'un de ses biographes ; il était infatigable dans les courses sur les glaciers, et traversait souvent à la nage le grand lac de Constance. »

L'on en pourrait conclure que le grand homme aimait à nager ; quant à ces souvenirs de l'école militaire de Brienne, à ces batailles à coups de boules de neige, alors qu'il était encore enfant, l'imitateur enthousiaste, les avait sans doute aussi copiés au milieu de ces glaciers qui lui fournissaient abondamment des munitions de guerre.... Hélas ! cela était plus facile à imiter qu'Austerlitz et Iéna, et si l'oncle commença sa glorieuse carrière en chassant les Anglais de Toulon, son neveu fut moins heureux, à son début, vis-à-vis des Autrichiens.

Il était en Italie avec sa mère, avec son frère, alors que le sol remuait par le fait de la commotion de 1830. La France est comme le géant enseveli sous le Vésuve : il ne peut se retourner sur sa couche de feu que toute l'Italie ne tremble. Les Napoléon de Hollande avaient aussi tressailli, mais d'espoir et de joie, à ce signal parti de Paris, car ils le prirent d'abord, comme d'autres, pour une annonce de liberté et de délivrance.

Cette révolution cependant qui semblait leur présager des jours plus heureux, et devait, ainsi qu'ils se le figuraient d'abord, leur ouvrir les portes de la patrie, ne fut pour eux qu'une source d'infortunes nouvelles et de nouvelles déceptions.

Donc, la révolution de Juillet prolongeait son retentissement dans l'Europe entière. L'Italie fut la première à s'émouvoir du contre-coup. Gémissante et courbée sous un joug odieux, cette noble terre vit dans le triomphe de la liberté à Paris, le moment opportun qu'elle attendait pour prendre sa revanche, et sans compter ses ennemis, sans calculer ses forces, sans savoir si son noble élan serait comprimé ou soutenu par les puissances qui l'environnent, et par celle-là même qui ranimait d'aussi justes espérances, elle releva la bannière de son indépendance.

L'événement ne tarda pas à dissiper les illusions dont elle se berçait. Les Autrichiens ne firent que se montrer, et les défenseurs de la liberté italienne disparurent. Ce dut être encore une leçon bien cruelle pour l'exilé.

Lorsque la révolution avait éclaté dans les états du Saint-Siége, les deux fils d'Hortense s'y étaient jetés tête baissée, et avec un louable élan; mais ils portaient un nom qui effraie les rois et inquiète la liberté. Les patriotes italiens furent donc défaits sans eux, car la méfiance italienne ne leur permit pas de combattre, et le gouvernement les fit revenir à Bologne. L'aîné des deux frères, atteint par une inflammation de poitrine, mourut à Forli. Mourir dans son lit, d'une fluxion de poitrine, au bruit du canon… quelle mort pour un soldat qui se nomme Napoléon! Son frère éploré allait tomber au pouvoir des Autrichiens, il dut son salut au courage de sa mère. Elle connaissait la cruauté et l'esprit de vengeance de la police autrichienne ; tous les patriotes qu'on pouvait saisir étaient impitoyablement fusillés… Comment sauver son fils, le seul fils qui lui reste ? Dans l'état où il se trouvait, peut-elle se hasarder à courir les chances d'un voyage; la faiblesse du malade lui permettait à peine d'en supporter les fatigues. Que faire pourtant ? la mort l'environne en Italie, l'Allemagne lui est fermée, une loi cruelle proscrit en France sa tête menacée… Elle se résout à chercher un refuge en Angleterre. Elle traversera incognito la France pour aller s'embarquer à Calais. L'énergie de la mère semble s'être communiquée au fils et domine ses souffrances. — Ils arrivèrent sans malencontre à Paris. Ce jour-là même, le général Sébastiani annonçait au Conseil des ministres qu'ils venaient de débarquer à Malte.

Mais ce ne fut pas le seul fait remarquable qui signala cet épisode de l'épopée des fugitifs.

Ils étaient descendus dans un hôtel de la rue de la Paix, voisin de la place Vendôme. Voici que tout à coup de grandes clameurs frappèrent leurs oreilles. Ils écoutent, ils croient entendre, ils entendent un nom bien connu d'eux. Ce nom, ces cris l'emportent sur la prudence qui les avait jusqu'alors tenus éloignés de la fenêtre. Ils y courent, la croisée s'ouvre… Quel spectacle pour les proscrits ! Le bronze de la colonne resplendissait de mille feux, une foule enthousiaste y appendait des couronnes d'immortelles, et l'aigle semblait agiter ses ailes à la base du monument qui se dressait devant eux, avec sa spirale de victoires; c'était le peuple qui célébrait le 5 mai, l'anniversaire de la mort de l'Empereur.

Certes, si alors ce pâle jeune homme qui venait de donner des preuves de son amour pour la liberté; si cette femme séduisante qui avait laissé en France tant de souvenirs, eussent pris la parole pour faire un appel à ces souvenirs, à cette gloire qu'on célébrait en bas avec d'aussi vifs élans, si l'une eût dit : Je suis la sœur de l'Empereur que vous pleurez, et l'autre : Je suis son neveu! nul doute que le prince Louis n'eût été dispensé, ce jour-là, de tenter la fortune d'abord à Strasbourg et ensuite à Boulogne. Une révolution nouvelle éclatait à Paris.

Les mots qui pouvaient amener un dénouement si prompt ne furent pas dits. Au lieu d'agir et de parler on écrivit et l'on *traitailla*, comme dit M. de Retz dans ses Mémoires.

Hortense fit tenir à Louis-Philippe une lettre fort digne, où elle lui annonçait son arrivée à Paris, et son intention d'y demeurer jusqu'à ce que son pauvre fils, que dévorait la fièvre, pût continuer son voyage.

Le gouvernement de Louis-Philippe prouva qu'il était digne de cette confiance. Casimir Perrier, alors ministre, vint, de la part *du roi*, assurer les fugitifs qu'ils étaient en sûreté ; on ajoute même qu'il leur offrit des secours ; mais il insista sur la gravité des circonstances pour hâter leur départ.

Nous nous rappelons encore l'effet que, plus tard, il produisit sur la chambre, quand, maladroitement interpellé à ce sujet, il répondit en se bornant au récit des faits et de ses rapports avec la reine Hortense et son fils... Il n'y eût qu'une voix pour approuver cette conduite. Le temps *du fossé de Vincennes* était passé.

Le grand écrivain que pleure la France, le plus digne et le plus éloquent interprète des sentiments de la branche aînée des Bourbons, avait déjà montré la même modération, la même générosité.

« Ce sont, dit-il, les étrangers qui ont provoqué le bannissement des membres de la famille impériale : des conventions diplomatiques, des traités formels prononcent l'exil des Bonaparte, leur prescrivent jusqu'aux lieux qu'ils doivent habiter, ne permettent pas à un ministre ou à un ambassadeur des cinq puissances de délivrer *seul* un passeport aux parents de Napoléon ; le visa des quatre autres ministres ou ambassadeurs des quatre autres puissances contractantes est exigé, TANT CE SANG DE NAPOLÉON ÉPOUVANTAIT LES ALLIÉS, LORS MÊME QU'IL NE COULAIT PLUS DANS SES PROPRES VEINES.

« Grâce à Dieu! je ne me suis jamais soumis à ces mesures : avant qu'un ministre de Louis-Philippe allât voir un enfant et une femme, j'avais délivré, sans consulter personne, en dépit des traités et sous ma propre responsabilité comme ministre des affaires étrangères, un passeport à Mme la comtesse de Survilliers, alors à Bruxelles. pour venir à Paris soigner un de ses parents malades. Vingt fois j'ai demandé le rappel de ces lois de persécution ; vingt fois j'ai dit à Louis XVIII que je voudrais voir le duc de Reichstadt capitaine de ses gardes, et la statue de Napoléon replacée au haut de sa colonne.

« Ambassadeur à Rome, j'autorisai mes secrétaires et mes attachés à paraître au palais de Mme la duchesse de Saint-Leu; je fis cesser la séparation que je trouvai établie entre des Français qui avaient également connu l'adversité. J'écrivis à M. le cardinal Fesch, à sa sortie du conclave, pour l'inviter à se joindre aux cardinaux qui devaient se réunir chez moi; je lui témoignais ma douleur des mesures politiques qu'on avait cru devoir prendre; je lui rappelais le temps où j'avais fait partie de sa mission auprès du Saint-Siége; je priais mon ancien ambassadeur d'honorer de sa présence le banquet de son ancien secrétaire d'ambassade.

« Le prince Jérôme me fit l'honneur de réclamer mon intervention, dans une occasion particulière, en m'envoyant copie d'une requête qu'il adressait au cardinal secrétaire d'Etat; il me disait dans sa lettre :

« L'exil est assez affreux dans son principe comme dans ses conséquences, pour que cette généreuse France qui l'a vu naître (le prince Jérôme), cette France, qui possède toutes ses affections, et qu'il a servie vingt ans, veuille aggraver sa situation en permettant à chaque gouvernement d'abuser de la délicatesse de sa position.

« Le prince Jérôme de Montfort, confiant dans la loyauté du gouvernement français et dans le caractère de son noble représentant n'hésite pas à penser que justice lui soit rendue.

Signé : JÉRÔME.

« Rome, 9 mai 1829. »

J'adressai en conséquence de cette requête, une note confidentielle au secrétaire d'Etat le cardinal Bernetti ; elle se terminait par ces mots :

« Les motifs déduits par le prince Jérôme de Montfort ayant paru au soussigné fondés en droit et en raison, il n'a pu refuser l'intervention de ses bons offices au réclamant, persuade que le gouvernement français verra toujours avec peine aggraver, par d'ombrageuses mesures, la rigueur des lois politiques.

« Le soussigné mettrait un prix tout particulier à obtenir, dans cette circonstance, le puissant intérêt de S. Em. le cardinal secrétaire d'Etat.

Signé : CHATEAUBRIAND. »

« Je répondis en même temps au prince Jérôme ce qui suit :

« Rome, 9 mai 1829.

« L'ambassadeur de France près le Saint Siége a reçu copie de la note que le prince Jérôme de Montfort lui a fait l'honneur de lui envoyer. Il s'empressera de le remercier de la confiance qu'il a bien voulu lui témoigner ; il se fera un devoir d'appuyer, auprès du secrétaire d'Etat de Sa Sainteté, les justes réclamations de Son Altesse.

« Le vicomte de Châteaubriand, qui a aussi été banni de sa patrie, serait trop heureux de pouvoir adoucir le sort des Français qui se trouvent encore placés sous le coup d'une loi politique. Le frère exilé de Napoléon s'adressant à un émigré, jadis rayé de la liste des proscrits par Napoléon lui-même, est un de ces jeux de la fortune qui devait avoir pour témoins les ruines de Rome.

Signé : CHATEAUBRIAND. »

« J'ai cru devoir mettre au jour mes rapports avec la famille de Bonaparte, non pour en faire un vain étalage, mais pour fortifier mes arguments en faveur d'une autre famille, en montrant que je les tire autant de mes principes que de mon dévouement.

« J'ai rendu, comme ministre et comme ambassadeur, tous les services que j'ai pu à la famille Bonaparte ; elle peut me désavouer si je ne dis pas la vérité : il n'a pas tenu à moi qu'elle n'ait été rappelée en France, et que même la statue de Napoléon n'ait été replacée au haut de sa colonne. C'est ainsi que je comprenais largement la monarchie légitime : il me semblait que la liberté devait regarder la gloire en face. »

Nous venons de parler du rétablissement de la statue de Napoléon sur la colonne de la place Vendôme. Le gouvernement de Louis-Philippe et la France qui, par son anthousiasme napoléonien, semblaient se poser en *agents provocateurs* vis-à-vis de l'héritier de ce grand nom, ne lui épargnèrent pas cette séduction nouvelle. Comment n'aurait-il pas cédé à tant d'impulsions ? La France, depuis trente ans, n'est-elle pas merveilleusement travaillée dans ce sens. Il n'y a pas une chanson populaire sur l'orgue de Barbarie, une pièce sur nos théâtres, une lithographie à la vitre de nos marchands d'images qui n'excite les souvenirs de ces temps et n'en presse le retour. Tous les gouvernements se sont associés à ce mouvement et l'ont accéléré. M. Cavaignac, lui-même, ne vient-il pas de faire mettre sur la croix d'honneur la figure de Bonaparte, et il s'étonnerait que Louis Bonaparte l'emportât sur lui ! mais ce fut surtout Louis-Philippe qui poussa à la roue du char de triomphe impérial avec la plus admirable maladresse. Jugeant qu'il ne pouvait se passer d'une gloire quelconque, et se sentant incapable d'en faire, il trouvait doux d'en exploiter une toute faite et qui ne lui coûtât rien. Or, ce n'est pas nous qui reprocherons à ses neveux d'avoir cherché à mettre l'exploitation à leur compte et profit, et, en vérité, après tant d'efforts faits pour multiplier les partisans de l'empire, on serait mal venu à leur faire un crime d'être bonapartistes !

Mais Louis-Philippe entendait qu'on s'en tînt aux affections platoniques, et en élevant bien haut la couronne impériale, pour faire admirer son éclat, il disait : *Mirar y non toccar !* et il trouva fort mauvais qu'on essayât, à Strasbourg, de faire aboutir cette excitation provoquée et entretenue avec tant de complaisance.

« En 1836, dit le biographe officieux, peut-être *officiel*, que nous avons cité déjà, ému des agitations qui se multipliaient en France, et entraîné par son courage, par son désir de servir sa patrie, il crut que le moment était venu de renverser un gouvernement qui s'était mis en opposition avec les sentiments démocratiques de la nation. Des hommes de toutes les opinions le confirmaient dans cette pensée. M. de Châteaubriand lui avait écrit : « *Prince, il n'y a pas de nom qui aille mieux à la gloire de la France que le vôtre.* » Le général Lafayette lui faisait faire des avances. Armand Carrel avait dit à l'un de ses amis : « *Les ouvrages de Louis-Napoléon Bonaparte annoncent une bonne tête et un noble caractère; le nom qu'il porte est le plus grand des temps modernes ; c'est le seul qui puisse exciter fortement les sympathies du peuple français. Si ce jeune homme sait comprendre les nouveaux intérêts de la France; s'il sait oublier ses droits de légitimité impériale pour ne se rappeler que la souveraineté du peuple, il peut être appelé à jouer un grand rôle.* » Enfin, beaucoup d'officiers de toutes armes l'avaient fait assurer de leur dévouement.

« Déjà M. Laity, dans sa brochure, avait parlé des invitations de Lafayette ; M. Sarrans, ancien aide-de-camp du général, et fort bien placé pour savoir ce qui en était, a rectifié ainsi cette assertion : « Sans doute, des amis plus ardents qu'éclairés, auxquels il confiait ses douleurs de proscrits, poussèrent son inexpérience à ce coup hardi de Strasbourg ; mais des écrivains moins véridiques que dévoués l'ont très inexactement attribué à des excitations imaginaires : « Lafayette, ont-ils dit, en-« gageait le prince Louis à se mettre à la tête des idées « démocratiques de la France, lui promettant le con-« cours de son nom et de sa vieille expérience. » Cette assertion, contre laquelle s'élève la vie entière de l'illustre général, exprime une chose qui n'est ni vraie ni vraisemblable. Le prince Louis eut en effet un entretien avec Lafayette, et voici littéralement les paroles que lui adressa le vétéran de la liberté : « En 1830, nous « avons tous commis une grande faute, pour ne pas dire « un crime. Au lieu de mettre la France en demeure de « se prononcer sur le système et sur les hommes qui « lui convenaient, nous lui avons imposé une forme de « gouvernement et une dynastie. De là toutes les dé« ceptions qui ont suivi les trois grandes journées. Si « une nouvelle révolution vient à éclater, et je la crois « inévitable, le premier devoir des hommes qui la diri« geront devra être de convoquer des assemblées pri« maires, afin que, cette fois, le pays dise hautement et « nettement ce qu'il veut. Eh bien, vous portez un nom « populaire, et si la France, sincèrement interrogée, « croyait devoir s'y rallier, je ferais ce que j'ai fait toute « ma vie : je m'inclinerais devant le verdict souverain « de mon pays. » Or, il y a quelque différence entre cette loyale profession de principes et les paroles qu'un zèle indiscret a prêtées à Lafayette *mort.* »

Quand à Châteaubriand, sa lettre valait bien la peine qu'on la citât tout entière : c'est un monument historique. La voici :

« Prince, j'ai lu avec attention la petite brochure que vous avez bien voulu me confier; j'ai mis par écrit, comme vous l'avez désiré, quelques réflexions naturellement nées des vôtres, et que j'avais déjà soumises à votre jugement.

« Vous savez, prince, que mon jeune roi est en Écosse, et que tant qu'il vivra il ne peut y avoir pour moi d'autre roi de France que lui. Mais si Dieu, dans ses impénétrables desseins, avait rejeté la race de saint Louis, si notre patrie devait revenir sur une élection qu'elle n'a pas sanctionnée, et si *ses mœurs ne lui rendaient pas l'état républicain possible*, alors, prince, il n'y a pas de nom qui aille mieux à la gloire de la France que le vôtre.

« Je garderai un profond souvenir de votre hospitalité et du gracieux accueil de madame la duchesse de Saint-Leu. Je vous prie de mettre à ses pieds l'hommage de ma reconnaissance et de mon respect.

« Je suis, avec une haute considération, prince, votre très humble et très obéissant serviteur.

« CHATEAUBRIAND. »

Pour Carrel, nous ignorons où et comment il a tenu le langage qu'on lui prête. Le *National*, qui inscrit ce nom en tête de son martyrologe, nous dira peut-être ce qu'il en pense; il serait cruel pour lui qu'on eût tiré de son arsenal une arme aussi acérée pour en frapper son candidat.

Le 30 octobre 1836, Louis-Napoléon arriva subitement à Strasbourg. Strasbourg avait pour garnison deux régiment d'artillerie, un régiment de pontonniers et trois régiments d'infanterie. « Soldats! s'écria le prétendant au débotté, appelé en France par une députation des villes et garnisons de l'Est, et résolu à vraincre ou à mourir pour la gloire et la liberté du peuple français, c'est à vous les premiers que j'ai voulu me présenter, parce qu'entre vous et moi il existe de grands souvenirs. A ces paroles adressées au régiment dans lequel Napoléon avait fait ses premières armes, les soldats répondirent : Vive l'empereur!

Il allait avoir le même succès auprès du 46e d'infanterie, lorsque l'un des officiers de ce régiment répandit le bruit que celui qui se présentait si audacieusement devant eux était un imposteur et non pas le neveu de Napoléon. Un coup hardi, la mort de l'officier qui lui barrait le chemin, eût peut-être rendu incertain le sort de cette journée; mais le prince recula devant cette nécessité terrible, et il perdit la partie!

A quoi tient le sort d'*un empire!*

Celui qui voulait ressusciter l'établissement Napoléonien, invoquait du reste les principes qui ont triomphé en 1848, et il disait dans ses proclamations : « En 1830, on imposa à la France un gouvernement, sans consulter ni le peuple de Paris, ni le peuple des provinces, ni l'armée. Français! tout ce qui a été fait sans vous est illégitime.

« Un congrès national, élu par tous les citoyens, peut seul avoir le droit de choisir ce qui convient le mieux à la France.

« Paris, en 1830, nous a montré comment on renverse un gouvernement impie; montrons-lui, à notre tour, comment on consolide les libertés d'un grand peuple. »

Ainsi, pour consolider les libertés d'un grand peuple, vous voulez inaugurer leur triomphe définitif au moyen d'un de ces soulèvements qui précipitèrent l'empire romain dans les convulsions de l'anarchie armée! Vous voulez rendre les baïonnettes constituantes, elles qui n'ont de pointe que pour perforer les constitutions et faire sauter par les fenêtres ceux qui les font. Voilà ce que la raison et le bon sens pourraient peut-être répondre à cette déclaration. Mais la raison pouvait-elle être invoquée dans un temps et sous un gouvernement qui en manquait si complétement? L'inconséquence, le non sens, la folie, le continuel croc-en-jambe au bon sens, au droit, à la justice, n'était-ce pas là le caractère de cette situation qu'on nommait l'*état de choses*? — Après tout, les 220 boules qui avaient fait le trône de Louis-Philippe ne pesaient pas tant que les 200 sabres qui eussent appuyé le pavois du vainqueur s'il l'eût emporté. D'ailleurs n'avait-il pas à jeter dans le plateau de la balance cet ancien compte de trois millions et quelques cent mille voix, qui avaient appelé au trône Napoléon et sa descendance, compte signé par la plume taillée pour rédiger quelque traité glorieux pour la France, compte scellé par le pommeau d'une grande épée et paraphé par la victoire!

Une lettre écrite par le vaincu, le lendemain de sa défaite, donne des explications sur sa détermination. Nous la répétons sans commentaire et en la recommandant à ceux qui font du passé d'un homme les inductions de son avenir :

« New-Yorck, 30 avril 1837.

« Maintenant, je vous dois une explication des motifs qui m'ont fait agir. J'avais, il est vrai, deux lignes de conduite à suivre; l'une, qui, en quelque sorte, dépendait de moi, l'autre, des événements. En choisissant la première, j'étais, comme vous le dites fort bien, *un moyen;* en attendant l'autre, je n'étais qu'*une ressource.* D'après mes idées, le premier rôle me semblait bien préférable au second. Le succès de mon entreprise m'offrait les avantages suivants : je faisais par un coup de main, en un jour, l'ouvrage *de dix années;* en réussissant, j'épargnais à la France les luttes, les troubles, les désordres d'un bouleversement qui arrivera, je crois, tôt ou tard. L'esprit d'une révolution, dit M. Thiers, se compose de passions pour le but et de haines pour ceux qui font obstacle. *Ayant entraîné le peuple par l'armée*, nous aurions eu les nobles passions sans la haine, car la haine ne naît que de la lutte entre la force physique et la force morale. Personnellement ensuite, *ma position était claire, nette, surtout facile.* Faisant une révolution avec quinze personnes, si j'arrivais à Paris, je ne devais ma réussite qu'au peuple et non à un parti; arrivant en vainqueur je déposais, de plein gré, sans y être forcé, mon épée sur l'autel de la patrie; on pouvait alors avoir foi en moi, car ce n'était plus seulement *mon nom*, c'était ma personne qui devenait une garantie. Dans le cas contraire, je ne pouvais être appelé que par *une fraction du peuple*, et j'aurais pour ennemis, non un gouvernement débile, mais une foule de partis eux aussi peut-être nationaux.

« D'ailleurs, empêcher l'anarchie est plus facile que de la réprimer; diriger les masses est plus facile que de suivre leurs passions. *Arrivant comme ressource, je n'étais qu'un drapeau de plus jeté dans la mêlée*, dont l'influence, immense dans l'agression, eût peut-être été *impuissante pour rallier*. Enfin, dans le premier cas, j'étais au gouvernail sur un vaisseau qui n'a qu'une seule résistance à vaincre; dans le second cas, au contraire, j'étais sur *un navire battu par tous les vents, et qui, au milieu de l'orage, ne sait quelle route il doit suivre.* Il est vrai qu'autant la réussite de ce premier plan m'offrait d'avantages, autant le non succès prêtait au blâme. Mais, en entrant en France, je n'ai pas pensé au rôle que me ferait une défaite ; je comptais, en cas de malheur, sur mes proclamations comme testament, et sur la mort comme un bienfait. Telle était ma manière de voir... »

Dans une autre lettre, M. Louis Napoléon disait encore :

« On vous demandera, comme le font déjà certains journaux, où est le parti napoléonien. Répondez : Le parti n'est nulle part, et la cause partout. Le parti n'est nulle part, parce que mes amis ne sont pas enrégimentés ; mais la cause a des partisans partout, depuis l'atelier de l'ouvrier jusque dans les conseils du roi ; depuis la caserne du soldat jusqu'au palais du maréchal de France. Républicains, juste-milieu, légitimistes, tous ceux qui veulent un gouvernement fort, une liberté réelle, une attitude gouvernementale imposante, tous ceux-là, dis-je, sont napoléonistes, qu'ils s'en rendent compte ou non ; car le système impérial n'est pas l'imitation bâtarde des constitutions anglaise ou américaine, mais bien la formule gouvernementale des principes de la révolution : c'est la hiérarchie dans la démocratie, l'égalité dans la loi, la récompense pour le mérite, c'est enfin un colosse pyramidal à base large et à tête haute.

Nous nous attendions presque à voir apparaître le fameux mot : *La république à la base et la monarchie au sommet*, qui a fait de si mauvaises affaires a *la Gazette de France*, et nous ne nous étonnons plus de ses sympathies pour le rival du général Cavaignac...

Il ajoute dans le même écrit :

« Si un jour les partis renversaient le pouvoir actuel, si habitués qu'ils sont depuis 23 ans *à mépriser l'autorité*, s'ils *sapaient toutes les bases de l'édifice social*, alors peut-être le nom de Napoléon serait une ancre de salut pour tout ce qu'il y a de généreux et de vraiment patriote en France. »

Ce coup de main, pour nous servir de l'expression employée par l'auteur de la lettre, car ce ne fut même pas un coup de tête conçu et exécuté en dehors des règles du bon sens et de la raison, devait être jugé en dehors des lois de la justice et du droit.

Arrêté, jeté dans la citadelle, conduit à Paris à la préfecture de police, il apprit de la bouche de M. Delessert qu'il allait être embarqué pour les Etats-Unis. Il protesta énergiquement contre cette mesure exceptionnelle ; il réclama le jugement de ses concitoyens assemblés en jury, afin de disculper ceux qui avaient pris part à son entreprise ; mais ce fut vainement, et bientôt après il était transporté jusqu'aux plages lointaines du Brésil par la frégate l'*Andromède*, qui le débarqua enfin, après six mois de mer, sur les côtes de l'Amérique du Nord.

Les journaux ministériels prétendirent faussement qu'il s'était engagé à ne point revenir en Europe avant dix années. Le contraire fut démontré depuis, et admis par le procureur-général près la Cour des pairs, mais on ne dit pas qu'il ait démenti cette lettre qui fut lue aux jurés pendant le procès de l'affaire de Strasbourg.

« Malgré mon désir de rester avec mes compagnons d'infortune et de partager leur sort, malgré mes réclamations à ce sujet, le roi, *dans sa clémence*, a ordonné que je fusse conduit à Lorient, pour passer de là en Amérique. *Quoique vivement touché de la générosité du roi*, je suis profondément affligé de quitter mes coaccusés, dans l'idée que ma présence à la barre, que mes dépositions en leur faveur, auraient pu influencer le jury et l'éclairer sur plusieurs faits importants.

» Certes, *nous sommes tous coupables envers le gouvernement d'avoir pris les armes contre lui* ; mais le plus coupable c'est moi ; c'est celui qui, méditant depuis longtemps une révolution, est venu tout à coup arracher des hommes à une position honorable, pour les livrer à tous les hasards d'un mouvement populaire.

« Vous voyez donc que c'est moi qui les ai séduits en leur parlant de tout ce qui est capable de toucher un cœur français ; ils me parlaient de leur serment, je leur rappelai qu'en 1815 ils avaient juré fidélité à Napoléon II et à sa dynastie... *Pour leur ôter même tout scrupule je leur dis qu'on parlait de* LA MORT PRESQUE SUBITE DU ROI, *et que la nouvelle paraissait certaine. On verra par là combien j'étais coupable envers le gouvernement; or le gouvernement a été généreux envers moi*, il a trouvé que ma position d'exilé, que mon amour pour la France, que ma parenté avec l'empereur étaient des *causes atténuantes.* »

Les journaux ayant publié cette pièce, notre impartialité nous faisait un devoir de ne pas l'oublier; mais qui ne voit pas que toutes ces concessions de langage ne sont qu'un passe-port, afin de faire arriver aux jurés une recommandation pour les amis dévoués qui s'étaient associés à son sort? Les Régulus du fait-Paris qui blâment ces passages, oublient qu'il ne s'agissait plus de lui, mais uniquement de ses compagnons d'infortune, et qu'un cœur généreux n'hésite pas à faire au salut de ceux qui se sont exposés pour lui, des concessions qu'il refuserait à sa propre conservation. C'était en ce cas sacrifice pour sacrifice, et celui-là ne fut pas le moins pénible de ceux qu'il s'imposa pour les aider.

Ceux qu'on nommait ses complices furent tous acquittés... Le jury reconnut et proclama ainsi le grand principe de l'égalité devant la loi, et les balances de la justice, ce jour-là, se trouvèrent justes.

Avec les prévenances dont il était susceptible, le juste-milieu, ainsi que nous l'avons déjà dit, transporta le proscrit aux États-Unis. Dans une première visite, il l'avait accompagné jusqu'à la porte, cette fois il prit la peine de le reconduire un bout du chemin, et le voyageur n'était pas en mesure de lui dire : Ne vous dérangez donc pas!

La nouvelle que sa mère allait mourir le fit accourir en Europe, et il eût du moins la consolation d'arriver à temps, à Arenemberg, pour recevoir ses derniers soupirs, ce qui arriva le 3 octobre 1837.

Ainsi s'éteignit, sur la terre d'exil, celle qui avait trouvé tant de souffrance dans les grandeurs, et tant de grandeur dans les souffrances. Cette nuit là, une corde se cassa à la harpe de la muse française, quelque rosier blanc s'effeuilla au parterre de la maison, et sous les beaux et solitaires ombrages de Mortefontaine, on entendit des voix aériennes chanter, sur les airs qu'affectionnait la douce châtelaine, les plaintes des bergères qui pleurent parce qu'elles ne la reverront plus. Elle se réveilla du moins, un matin, avant de s'endormir de son dernier sommeil, elle se réveilla à la douce pression des bras de son fils éploré ; et tout là-bas, là-bas..., quand il avait rêvé ses plus beaux rêves, ses rêves qui lui rendaient les embrassements de son enfant, l'Empereur se réveillait en tressaillant, car il croyait sentir la main de son fils presser la sienne... et c'était le doigt du geôlier anglais qui comptait les dernières pulsations de son pouls !

Le juste-milieu, lui, ne dormait pas depuis qu'il savait qu'un fils était là, à ses portes, pleurant sur le tombeau de sa mère. Le Napoléon de la paix fut à la veille de renoncer aux gloires de ce nom, gagné par tant de camouflets héroïquement supportés, pour forcer la Suisse hospitalière à expulser son hôte. Le ministère du 15 avril fit de cette exclusion un *casus belli*, et le 4 août il écrivait à l'ambassadeur du gouvernement en Suisse : « Vous « déclarerez au vorort que si, contre toute attente, la « Suisse, prenant fait et cause pour celui qui compromit « si gravement son repos, refusait l'expulsion de Louis « Bonaparte, vous avez ordre de demander vos passe- « ports. »

La diète helvétique résista noblement à ces instances et s'arma pour la défense de sa souveraineté menacée. Alors on fut à la veille de voir une puissante monarchie se ruer sur un faible État qui fut toujours son allié, pour en arracher un proscrit que couvrait le droit des gens... C'était bien lâche et bien maladroit ; car l'on n'a jamais mieux pris à tâche de grandir un adversaire et de lui donner de l'importance.

La République, ou plutôt le Directoire, avait aussi forcé Venise de chasser Louis XVIII. Venise avait cédé sans résistance, et le roi de France était parti après avoir fait effacer son nom du livre d'or. La Suisse eut plus de cœur; aussi le neveu de l'empereur des Français, en s'éloignant, pour ne pas exposer sa patrie d'adoption aux hasards d'une lutte inégale, adressa cette lettre au président du conseil de Turgovie :

« Monsieur le landamann,

« Lorsque la note du duc de Montébello fut adressée à la diète, je ne voulus point me soumettre aux exigences du gouvernement français ; car il m'importait de prouver, par mon refus de m'éloigner, que j'étais revenu en *Suisse sans manquer à aucun engagement*, que j'avais le droit d'y résider, et que j'y trouverais aide et protection.

« La Suisse a montré depuis un mois, par ses protestations énergiques, et maintenant par les décisions des grands conseils qui se sont réunis, qu'elle était prête à faire les plus grands sacrifices pour maintenir sa dignité et son droit comme nation indépendante; je saurai faire le mien et demeurer fidèle à la voix de l'honneur. On peut me persécuter, mais jamais m'avilir.

« Le gouvernement français ayant déclaré que le refus de la diète d'obtempérer à sa demande serait le signal d'une conflagration dont la Suisse pourrait être la victime, il ne me reste plus qu'à quitter un pays où ma présence est le sujet d'aussi injustes prétentions, où elle serait le prétexte de si grands malheurs !

« Je vous prie donc, Monsieur le landamann, d'annoncer au directoire fédéral que je partirai dès qu'il aura obtenu, des ambassadeurs des diverses puissances, les passeports qui me sont nécessaires pour me rendre dans un lieu où je trouverai un asile assuré.

« En quittant aujourd'hui volontairement le seul pays où j'avais trouvé en Europe appui et protection; en m'éloignant des lieux qui m'étaient devenus chers à tant de titres, j'espère prouver au peuple suisse que j'étais digne des marques d'estime et d'affection qu'il m'a prodiguées. Je n'oublierai jamais la noble conduite des cantons qui se sont prononcés si couragement en ma faveur,

3

et surtout le souvenir de la généreuse protection que m'a accordée le canton de Thurgovie restera profondément gravé dans mon cœur.

« J'espère que cette séparation ne sera pas éternelle, et qu'un jour viendra où je pourrai, sans compromettre les intérêts de deux nations qui doivent rester amies, retrouver l'asile où vingt ans de séjour et des droits acquis m'avaient créé une seconde patrie.

« Soyez, Monsieur le landamann, l'interprète de mes sentiments de reconnaissance envers les conseils, et croyez que la pensée d'éviter des troubles à la Suisse peut seule adoucir les regrets que j'éprouve à la quitter.

Recevez, etc.

Napoléon-Louis BONAPARTE.

Arenemberg, 22 septembre 1838.

En quittant l'Helvétie, le signataire de cette lettre, qui, il faut en convenir, ne manque pas de quelque dignité, se refugia en Angleterre, et mettant à profit les loisirs que lui faisait Louis-Philippe, il descendit dans l'arène littéraire avec un livre qui portait son nom : *Les idées Napoléoniennes.* C'est une apologie de la monarchie de Napoléon.

Napoléon-Louis descendit aussi, pendant son séjour en Angleterre, dans une autre arène, celle du tournois d'Eklington.

« Sachant que les écuyers venaient du pays de France, ou moult bien se brisent les lances dans les passes d'armes et carrousels, le duc et ses seigneurs les prièrent de leur faire montre de ce savoir dans ce noble métier des armes, ce à quoi ils respondirent, les bons gentilshommes, que jamais n'avaient dit non quand l'occasion de montrer ce que pouvaient les gens d'armes de France, pour l'honneur de leur roi et de leurs dame, et que, Dieu aidant, ils y feraient de leur mieux. Dont fut ouvert le champ au pied des murailles et dressés échafauds tout à l'entour où vinrent nobles dames et pucelles alléchées par le grand renom et belles mines des tenants du tournois, et si bien firent nos Français que par leurs prouesses gagnèrent tout d'une voix le prix de la joûte, et virent bien tous qu'ils venaient d'un pays à raison vanté pour la grande force et courtoisie de ses gentilshommes (1). »

L'aristocratie anglaise s'étant permis de ressusciter un jour l'une de ces fêtes poétiques des vieilles mœurs chevaleresques, de paraître bardés de fer sur des chevaux caparaçonnés comme à l'hippodrôme, en criant à la recousse Angleterre et Saint-Georges! il n'y avait pas de mal que le vieux cri : *Mont-Joie ! Saint-Denis !* pût y répondre. Ridicule mascarade! écrivirent nos censeurs, alors peut-être qu'ils étaient revêtus de l'ignoble costume du débardeur, ou coiffés du casque de Balochard qu'attendaient les orgies de l'Opéra. Un tournois, répètent-ils encore, un tournois où l'on promenait des bannières héraldiques, des écus armoriés! Il n'y a que des aristocrates, des *reactionnaires* qui puissent se permettre de pareils divertissements..... Braves gens qui n'aiment que les écus qui se touchent aux fonds secrets, ne connaissent de lances que la queue de billard, et de passes d'armes que celle de l'estaminet! Si le tenant des joûtes d'Eklington l'avait su, nul doute qu'il n'eût passé son temps à *culotter des pipes*. La *Réforme* serait peut-être moins opposante à sa candidature ; mais on ne pense pas à tout.

Quand à nous, nous eussions mieux aimé qu'il continuât ces innocentes et chevaleresques distractions, que de lui voir courir l'aventure de Boulogne.

Voici comment se passèrent les choses :

Le 6 août, entre trois et quatre heures du matin, le prince Louis-Napoléon, avec le général Montholon, le colonel Voisin, le commandant Parquin, le commandant Mesonan, etc., suivis de quarante à cinquante autres personnes, Français, Anglais et Italiens, tous montés sur le paquebot anglais *City of Edinbourg*, débarqua à Vimereux, petite anse à une lieue environ de la ville de Boulogne. Après s'être emparé d'un poste de douaniers,

(1) Vieux roman.

qu'ils contraignirent de les accompagner vers la ville, ils arrivèrent vers cinq heures à la caserne militaire, où, à l'aide d'un lieutenant du 42ᵉ, ils essaient d'entraîner les troupes. Tandis que le capitaine commandant cherche à pénétrer dans la caserne, pour maintenir les soldats dans le devoir, Louis-Napoléon lui tire à bout portant un coup de pistolet, dont la balle détournée va frapper un grenadier qui est assez grièvement blessé.

Repoussés de la caserne, Louis-Napoléon et les siens parcourent la basse-ville, et répandent des proclamations et de l'argent. De là, ils se portent sur la haute-ville pour s'emparer du fort. Cependant le sous-préfet, qui s'est presenté à leur rencontre, en les sommant de se séparer et d'abattre leur drapeau, rassemble à la hâte la garde nationale, et se met à la poursuite du prétendant et de ses compagnons. Ceux-ci, après avoir échoué dans leurs tentatives sur les différents points de la ville, se dirigèrent, hors des murs, vers la colonne dressée par Napoléon, comme une éternelle menace sur les côtes d'Angleterre.

C'est là que commence la déroute de Louis-Napoléon et de sa troupe. A peine ont-ils le temps d'arborer leur drapeau au haut de la colonne, qu'à la vue de la garde nationale et d'un détachement de la troupe de ligne qui marchent sur eux, tambour battant, aux cris de *vive le roi!* ils prennent la fuite dans toutes les directions. — Le prince Louis et plusieurs autres tentent un dernier moyen de salut en courant à la mer pour rejoindre les embarcations.

Mais déjà le lieutenant du port, s'élançant dans un canot de la *Société humaine*, s'était porté vers le steamer qui avait apporté les conjurés, s'en était emparé et l'avait fait entrer dans le port.

Le prince Louis Napoléon et les principaux chefs qui l'accompagnent, voyant qu'il ne leur reste aucun refuge, se jettent à la nage et parviennent à gagner un canot de l'établissement des bains, qui était à flot à quelques brasses du rivage. Bientôt le canot surchargé chavire, et tous les hommes qui le montent tombent à la mer.

Ils sont recueillis par le lieutenant du port, qui dirige sur le lieu de la scène deux embarcations. Un des conjurés périt dans les flots ; un autre, le sous-intendant M. Faure, est tué d'un coup de feu au milieu de la fusillade un moment engagée entre la garde nationale et quelques fugitifs. Le colonel Voisin est blessé de deux balles, une dans les reins, l'autre dans la poitrine.

Ainsi se termina cette tentative du prince Louis Napoléon. Un espace de trois heures l'avait vu commencer et finir ; il n'en restait plus que des proclamations et un décret... qui nommait M. Thiers président du conseil.

Comme toujours, le gouvernement de Louis-Philippe avait fourni à lui tout seul le motif déterminant de cette nouvelle tentative. Il s'était montré cette fois-ci plus provocateur que jamais, car il venait d'obtenir des chambres un crédit d'un million destiné à la translation des cendres de l'empereur Napoléon, qui, disait-on dans l'exposé des motifs, fut le *souverain légitime* de la France... Cette déclaration, l'enthousiasme qui éclata à cette nouvelle, devaient naturellement avoir leur contre-coup dans la tête du Napoléon exilé. Devant cette recrudescence de l'ardeur napoléonienne, il n'y avait pas besoin de plans, de calculs et de ressources ; il s'agissait de mettre le pied sur le sol de cette France, et de dire : Me voici ! Berryer, avec son admirable éloquence, soutint devant la Cour des pairs qu'on pouvait à la rigueur écarter l'accusation de préméditation : « En présence des projets qui s'ourdissaient contre la France en 1840, on sentit qu'il fallait réveiller d'autres sentiments que l'égoïsme et l'individualisme, dans cette fière et glorieuse patrie, et, ne pouvant espérer le faire au nom du gouvernement actuel, on alla invoquer la mémoire de celui qui avait promené la grande épée de la France des extrémités du Portugal aux extrémités de la Baltique. Et alors qu'arriva-t-il ? Sans préméditation, sans calcul, sans combinaison, mais jeune et ardent, sentant son nom, le prince Louis se dit : J'irai, je mènerai le deuil. je poserai ses armes sur sa tombe, et je dirai à la France : Me voici... voulez-vous de moi ?

La Chambre des pairs répondit : Oui, et pour le mieux garder, elle lui ouvrit pour toute sa vie la prison de Ham.

Quant à l'aigle vivant qu'on avait trouvé dans les bagages, voici ce qu'a dit à ce sujet le *Morning-Chronicle :*

« On croit généralement que le prince Louis-Napoléon était muni d'un aigle apprivoisé, dans l'expédition de Boulogne ; ce fait est complétement erroné. L'aigle avait été trouvé par l'un de nos officiers, qui l'emporta à bord comme un oiseau de bon augure. Le prince, prévoyant le ridicule, désira qu'on lâchât l'aigle pendant la traversée ; mais comme il avait perdu l'usage de ses ailes, il ne put point reprendre sa liberté. On trouva donc l'aigle à bord, quand le vaisseau fut pris ; mais il n'est nullement exact de prétendre que le prince ait abordé avec lui. »

Nous avons assisté au jugement et à la condamnation du vaincu de Boulogne, il y a huit ans et un mois. C'était, je vous assure, un étrange spectacle que celui de ces juges appelés à condamner l'Empire dans la personne du neveu de l'empereur, l'Empire qui leur avait donné à tous, en partie, la haute position qu'ils occupaient. On eût pu s'attendre à les voir apporter sur leurs chaises curules la contrainte, la gêne et l'embarras d'une position aussi forcée. Quant à nous, nous nous figurions que dans ce tribunal suprême, plus d'un fauteuil serait transformé en sellette, et que l'accusé ne serait pas le seul sous le coup des conséquences du jugement qu'on allait rendre. Nous nous trompions bien étrangement, et il faut avoir vu l'air dégagé avec lequel tous ces vieux personnages passèrent devant l'accusé, et l'indifférence avec laquelle ils le lorgnèrent ensuite ; oui, il faut avoir vu cela pour bien comprendre jusqu'où peut aller le stoïcisme du magistrat, ou plutôt pour connaître le degré d'impudence, d'insensibilité ou de dissimulation qu'on peut acquérir dans les hautes sphères du pouvoir. Quand l'accusé prononça ces paroles : « En me retrouvant dans les murs du sénat, au milieu de vous que je connais, Messieurs, je ne peux croire que j'aie ici besoin de me justifier et que vous puissiez être mes juges... » On entendit courir de rang en rang le chuchotement qui veut dire, pour ceux qui ont l'habitude des assemblées délibérantes, qu'on n'a pas saisi le sens d'une phrase. Ce *qu'est-ce qu'il dit?* du grand seigneur qui ne veut pas comprendre circula le long des dossiers aristocratiques... Oui, vraiment, l'accusé avait eu bien raison, en les voyant, d'évoquer le souvenir honteux et plat du sénat de l'Empire; ce sénat était encore là tout entier devant lui. Les bornes sont dures et froides, et c'est pour cela qu'elles sont inamovibles; mais quelque chose qui arrive, j'en jure par les souvenirs du 6 octobre, nous n'aurons plus de sénat.

L'allocution de Louis Napoléon à ses juges fut noble et digne. On y remarque ces passages :

« Sans orgueil, comme sans faiblesse, si je rappelle les *droits déposés par la nation dans les mains de ma famille*, c'est uniquement pour expliquer *les devoirs* que ces droits nous ont imposés à tous.

« Depuis cinquante ans que le principe de la souveraineté du peuple a été consacré en France, par la plus puissante révolution qui se soit faite dans le monde, jamais la volonté nationale n'a été proclamée aussi solennellement, n'a été constatée par des suffrages aussi nombreux et aussi libres pour l'adoption des constitutions de l'Empire.

« La nation n'a jamais révoqué ce grand acte de sa souveraineté, et l'Empereur l'a dit : Tout ce qui a été fait sans elle est illégitime.

« Lorsqu'en 1830 le peuple a reconquis sa souveraineté, j'avais cru que le lendemain de la conquête serait loyal comme la conquête elle-même, et que les destinées de la France étaient à jamais fixées; mais le pays a fait la triste expérience des dix dernières années. J'ai pensé que le vote de quatre millions de citoyens qui avait élevé ma famille, nous imposait au moins le devoir de faire appel à la nation, et d'interroger sa volonté; j'ai cru même que, si au sein du congrès national que je voulais convoquer, quelques prétentions pouvaient se faire entendre, j'*aurais le droit d'y réveiller les souvenirs éclatants de l'Empire*, d'y parler du frère aîné de l'Empereur, de cet homme vertueux qui, *avant moi*, *en est le digne héritier*, et de placer en face de la France aujourd'hui affaiblie, passée sous silence dans le congrès des rois, la France d'alors, si forte au dedans, au dehors si puissante et si respectée. *La nation eût répondu : République ou monarchie, empire ou royauté.* De sa libre décision dépend la fin de nos maux, le terme de nos dissensions.

« Un dernier mot, Messieurs. *Je représente* devant vous *un principe*, une cause, une défaite. Le principe, c'est la souveraineté du peuple ; la cause, celle de l'Empire ; la défaite, Waterloo. Le principe, vous l'avez reconnu ; la cause, vous l'avez servie ; la défaite, vous voulez la venger. »

Cinq ans se passèrent pour le prisonnier dans des travaux scientifiques et littéraires. Il traita successivement différentes questions d'histoire et d'administration civiles et militaires, et ce travail prouve du moins qu'il cherchait à se tenir au courant des idées de notre époque, et que l'espoir d'être utile à son pays, même sous les verroux, était la plus douce consolation du prisonnier.

Il est fort dur d'être en prison ; mais cette captivité aida beaucoup à la popularité du neveu de Napoléon, ainsi que le faisait alors remarquer un journal. Le prince Louis, en exil, n'aurait pas été plus que ses cousins et que ses oncles, dont les journaux, à de longs intervalles, prononcent à peine les noms. En prison, il excitait des sympathies qu'il n'aurait pas obtenues étant libre. En prison, on s'occupait de lui : un demi-bataillon le gardait, et les officiers et les soldats qui le voyaient, qui l'entendaient, qui lui parlaient, rapportaient dans leurs casernes et leurs garnisons ce qu'il faisait, ce qu'il disait. Pour lui, le tambour battait deux ou trois fois par jour ; pour lui, la garde veillait l'arme au bras ; le ministre, lui-même, se réservait la haute surveillance de sa prison; de tous les points de la France, les dévoués à la dynastie impériale aspiraient à le visiter, et quand ils ne le pouvaient, ils jetaient en passant l'œil à ses barreaux.

On ne pouvait mieux faire pour grandir un prétendant. Nous verrons plus tard avec quelle admirable complaisance le Gouvernement provisoire et celui qui lui a succédé, ont continué cette œuvre... *Quos vult perdere Jupiter dementat.*

A la fin de 1845, le roi Louis, l'ancien roi de Hollande, sentant sa fin approcher, fit des demandes auprès du Gouvernement français pour obtenir que son fils vînt lui fermer les yeux en Italie. Le conseil des ministres s'y refusa, déclarant ne pouvoir remettre les peines portées par la chambre des pairs que sur un recours en grâce émané du prisonnier... Laissons-le raconter lui-même, dans une lettre adressée à M. Odilon Barrot, comment il reçut ces propositions :

« Je souffre ; mais tous les jours je me dis : Je suis en France, je conserve mon honneur intact, je vis sans joies, mais aussi sans remords, et tous les soirs je m'endors satisfait. Rien de mon côté ne serait venu troubler ce calme de ma conscience, ce silence de ma vie, si mon père ne m'eût manifesté le désir de me revoir auprès de lui pendant ses vieux jours. Mon devoir de fils vint m'arracher à ma résignation, et je me décidai à une démarche dont je pesai toute la gravité, mais qui portait en elle ce caractère de franchise et de loyauté que je désire mettre dans toutes mes actions. J'écrivis au chef de l'Etat, à celui là seul qui eût le droit légal de changer ma position ; je lui demandai d'aller auprès de mon père ; je lui parlai *de bienfait, d'humanité, de reconnaissance*, parce que je ne crains pas d'appeler les choses par leur nom. Le roi a paru satisfait de ma lettre ; il a dit au digne fils du maréchal Ney, qui avait bien voulu se charger de la remettre, que la garantie que j'offrais était suffisante ; mais il n'a point encore fait connaître sa détermination. Les ministres, au contraire, statuant sur une copie de ma lettre au roi, que je leur avais envoyée par déférence, abusant de ma position et de la leur, m'ont fait transmettre une réponse qui prouve un grand mépris pour le malheur. Sous le coup d'un pareil refus, ne connaissant même pas encore la décision du roi, mon devoir est de m'abstenir de toute démarche, et surtout de ne pas souscrire à une demande en grâce déguisée en piété filiale.

« Je maintiens tout ce que j'ai dit dans ma lettre au roi, parce que les sentiments que j'y ai manifestés étaient profondément sentis et me paraissent convenables ; mais je n'avancerai pas d'une ligne. Le chemin de l'honneur est étroit et mouvant ; il n'y a qu'un travers de main entre la terre ferme et l'abîme. »

Louis-Napoléon ne se laissa point abattre. Rappelant toute l'énergie de son caractère, il résolut de s'échapper, afin d'accomplir le grand devoir qui l'appelait à Florence.

Le récit de cette évasion a tout l'intérêt qui s'attache aux faits pleins de péripéties et d'incertitudes. C'est un si grand bien que la liberté ! L'esprit du lecteur, quel que soit le prisonnier qui raconte, s'associe avec une admirable sympathie aux efforts tentés par lui. L'on sent ses angoisses à chaque pas qu'il fait, à chaque rencontre qui l'arrête... Passera-t-il cette porte ? franchira-t-il ce fossé ? L'on est allégé d'un grand poids, quand le dernier guichet s'est ouvert pour lui, et à la facilité avec laquelle on respire, l'on croit sentir dans ses poumons ce bon air de liberté qui ranimait le fugitif, alors qu'il allongeait ses pas dans la plaine en tournant le dos à son donjon... Allez ! allez ! que le ciel vous conduise, et puisque vous connaissez le bonheur de sortir d'une prison, évitez aux autres, si jamais vous avez le pouvoir, le mortel chagrin d'y entrer.

Voici comment un de ses amis raconte cette évasion :

« La nature des constructions et l'arrangement de la citadelle rendaient impossible tout autre moyen que celui de franchir les guichets sous un déguisement. Par un hasard heureux, des ouvriers venaient en ce moment travailler dans le bâtiment où logeaient les prisonniers. Un matin, ayant coupé ses moustaches, et s'étant revêtu d'nne blouse sale, d'une casquette et de gros sabots,

Louis-Napoléon, portant une planche sur son épaule, descendit l'escalier de sa prison. Son fidèle valet de chambre, Thélin, qui avait obtenu la permission d'aller en ville, et qui, pour détourner l'attention des geôliers, conduisait son chien en laisse, le précédait de quelques pas. A l'aide de sa planche, le menuisier improvisé passa entre eux sans être reconnu. Au même instant, un ouvrier serrurier, le prenant pour un camarade, allait lui parler; mais il fut détourné à temps par Thélin. Un peu plus loin, Louis-Napoléon rencontre un officier qui lisait une lettre; puis il traverse un groupe de trente soldats rassemblés devant le corps de garde. Enfin, après avoir passé sans sourciller devant plusieurs plantons, il se trouve en présence du portier-consigne; personnage bien important, puisqu'il tenait entre ses mains les destinées du neveu de l'Empereur. Le portier ne fit aucune attention à l'homme à la planche. Pendant qu'il souhaitait le bonjour à Thélin, le planton ouvrait la grille, et Louis-Napoléon, au bout de six années, posa le pied sur la terre de la liberté.

« Tout n'était point fini encore; il fallait que Thélin allât chercher dans la ville un cabriolet qu'il avait loué la veille. Pendant ce temps, le fugitif devait aller attendre sur la route de Saint-Quentin. Mais il ne connaissait le pays que pour en avoir examiné la carte; et pouvait-il être sûr de ne point s'égarer, surtout dans un moment où l'esprit le plus ferme doit être nécessairement agité par la réaction de tant de joie après tant d'anxiétés?

« Il marchait vite, malgré ses sabots, et atteignit bientôt le cimetière de Saint-Sulpice, à un kilomètre de la ville. Une grande croix s'élève au milieu des tombeaux; il s'y prosterna devant Dieu, et le remercia avec effusion de ce qu'il lui serait permis d'aller embrasser son père mourant.

« Bientôt Thélin arrive dans son cabriolet, mais une autre voiture le suit. Le faux ouvrier avait toujours sa planche avec lui, il attend, pour s'en débarrasser, que cette seconde voiture soit passée : alors il monte dans la sienne, jette ses sabots dans un champ, et prend les guides pour jouer son nouveau rôle, qui était celui de cocher. Un instant après, deux gendarmes à cheval sortaient du village de Saint-Sulpice, mais heureusement ils se dirigeaient vers Péronne.

« Avant d'entrer à Saint-Quentin, Louis-Napoléon descendit du cabriolet et traversa la ville à pied pour se rendre sur la route de Cambrai, où Thélin devait le rejoindre avec une autre voiture qu'il fallait se procurer. Dans de pareils moments, l'attente est cruelle ; et, malgré toute la diligence possible, Thélin n'arrivait pas. L'un des deux s'était-il donc égaré ? Assis sur le bord de la route, la tête appuyée dans ses mains, le fugitif se demandait s'il était encore une fois impitoyablement raillé par le sort, lorsqu'il sent une brusque secousse : c'était son chien qui devançait la voiture et lui faisait de joyeuses caresses. Un instant après, Louis-Napoléon montait dans la voiture du brave maître de poste de Saint-Quentin, et deux chevaux vigoureux l'entraînaient au grand galop. »

Louis-Napoléon se réfugia en Angleterre, et là, dans un moment où les démonstrations des chartistes donnaient quelque inquiétude, il offrit ses services pour aider à la répression de l'émeute si elle se présentait. Les *chartistes* sont à peu près pour l'Angleterre, ce que sont les rouges pour la France, et en vérité nous ne voyons pas que le bâton de constable entre les mains d'un Français soit plus odieux que ne le serait un fusil de garde national entre les mains d'un Anglais, qui, surpris à Paris par la guerre du mois de juin, se serait joint à nous pour défendre, à ses risques et périls, l'ordre social si rudement attaqué ! Il y a des causes qui sont nationales pour tous les pays !

Survint la révolution de février, et c'est alors que les gouvernants du lendemain semblèrent prendre à tâche de lutter de maladresse avec Louis-Philippe pour élever le piédestal qu'il avait fait au prince Louis.

Il arrive à Paris le 26 février pour saluer et reconnaître le Gouvernement provisoire. et de suite on lui fait voir la crainte que sa présence inspire. Il se résigne et part. Il n'est pas de sacrifices que ne lui impose le désir d'épargner de nouvelles agitations à Paris.

Il n'y a pas de meilleur moyen pour rendre les gens vraiment redoutable que de leur montrer qu'on les craint. Première maladresse.

Au mois de mai, on proposa dans les bureaux de l'Assemblé nationale de maintenir pour lui seul la loi d'exil qui frappait la famille de l'empereur. Aussitôt il adressa la lettre suivante aux représentants :

Londres, 23 mai 1848.

« Citoyens représentants,

« J'apprends, par les journaux du 22, qu'on a proposé, dans les bureaux de l'Assemblée, de maintenir contre moi seul la loi d'exil qui frappe ma famille depuis 1816 ; je viens demander aux représentants du peuple pourquoi je mériterais une semblable peine.

« Serait-ce ponr avoir toujours publiqnement déclaré que, dans mes opinions, la France n'était l'apanage ni d'un homme, ni d'une famille, ni d'un parti ?

« Serait-ce parce que, désirant faire triompher sans anarchie ni licence le principe de la souveraineté nationale, qui seul pouvait mettre un terme à nos dissensions, j'ai deux fois été victime de mon hostilité contre le gouvernement que vous avez renversé ?

« Serait-ce pour avoir consenti, par déférence pour le Gouvernement provisoire, à retourner à l'étranger après être accouru à Paris au premier bruit de la révolution ?

« Serait-ce ponr avoir refusé par désintéressement les candidatures à l'Assemblée qui m'étaient proposées, résolu de ne retourner en Francs que lorsque la nouvelle constitution serait établie et la République affermie ?

« Les mêmes raisons qui m'ont fait prendre les armes contre le gouvernement de Louis-Philippe me porteraient, si on réclamait mes services, à me dévouer à la défense de l'Assemblée, résultat du suffrage universel.

« En présence d'un roi élu par deux cents députés,

je pouvais me rappeler que j'étais l'héritier d'un empire fondé par l'assentiment de quatre millions de Français. En présence de la souveraineté nationale, je ne peux et ne veux revendiquer que mes droits de citoyen français; mais ceux-là, je les réclamerai sans cesse avec l'énergie que donne à un cœur honnête le sentiment de n'avoir jamais démérité de la patrie.

» Recevez, etc. »

L'Assemblée, qui avait consenti à écouter la lecture de deux lettres des princes d'Orléans, refusa d'entendre celle de Louis-Napoléon, apparemment pour lui donner plus de retentissement.—Seconde maladresse.

« Peu après, Louis-Napoléon était appelé à la représentation nationale par les votes de trois départements. Le pouvoir, de son côté, s'ingéniait à trouver des prétexte pour l'exclure de l'Assemblée : un coup de pistolet, qui sera pour l'avenir un thème de suppositions et de commentaires, si le citoyen Clément Thomas devient un grand homme, pousse un membre du pouvoir exécutif à venir dénoncer à la tribune un mouvement napoléonien, et à réclamer des mesures d'urgence.—Troisième maladresse.

Cette ridicule parade du coup de pistolet provoqua cette seconde épître de Louis Napoléon:

« Monsieur le président.

« Je partais pour me rendre à mon poste, quand j'apprends que mon élection sert de prétexte à des troubles déplorables et à des erreurs funestes.

« Je n'ai pas cherché l'honneur d'être représentant du peuple, parce que je savais les soupçons injurieux dont j'étais l'objet. Je rechercherais encore moins le pouvoir. *Si le peuple m'imposait des devoirs*, je saurais les remplir,

« Mais je désavoue tous ceux qui me prêtent des intentions que je n'ai pas. Mon nom est un symbole d'ordre, de nationalité, de gloire, et ce serait avec la plus vive douleur que je le verrais servir à augmenter les troubles et les déchirements de la patrie. Pour éviter un tel malheur, je resterais plutôt en exil. Je suis prêt à tous les sacrifices pour le bonheur de la France.

« Ayez la bonté, monsieur le président, de donner connaissance de ma lettre à l'Assemblée. Je vous envoie une copie de mes remercîments aux électeurs.

« Recevez l'expression de mes sentiments distingués.

« *Signé* : Louis-Napoléon Bonaparte. »

Après lui avoir donné l'occasion de faire tomber du haut de la tribune la phrase sacramentelle : *Si le peuple m'imposait des devoirs*, je saurais les remplir, l'Assemblée les souligna mieux que nous ne pouvons le faire par l'explosion de son mécontentement. — Quatrième maladresse.

L'hostilité manifestée par le pouvoir exécutif et si bien secondée par l'Assemblée, lui fournit l'occasion de se poser en opprimé, et il n'y manqua pas. En effet, il envoya sa démission. — Cinquième maladresse.

Et enfin tout dernièrement le citoyen Clément Thomas, l'homme au pistolet, et qui n'en manque pas une, l'amena à poser sa candidature à la tribune; ce qu'il fit très dignement par ce petit discours :

« Citoyens représentants, l'incident regrettable qui s'est élevé hier à mon sujet ne me permet pas de me taire.

« Je déplore profondément d'être obligé de parler encore de moi, car il me répugne de voir sans cesse porter devant l'Assemblée des questions personnelles, alors que nous n'avons pas un moment à perdre pour nous occuper des graves intérêts de la patrie.

« Je ne parlerai point de mes sentiments ni de mes opinions; je les ai déjà manifestés devant vous, et jamais personne n'a pu encore douter de ma parole.

« De quoi m'accuse-t-on? D'accepter, du sentiment populaire, une candidature que je n'ai pas recherchée? Eh bien! oui, je l'accepte cette candidature qui m'honore; je l'accepte parce que trois élections successives et le décret de l'Assemblée nationale contre la proscription de ma famille m'autorisent à croire que la

France regarde le nom que je porte, comme pouvant servir à la consolidation de la société ébranlée jusque dans ses fondements, à l'affermissement et à la prospérité de la République. Que ceux qui m'accusent d'ambition connaissent peu mon cœur ! Si un devoir impérieux ne me retenait pas ici, si la sympathie de mes concitoyens ne me consolait pas de l'animosité de quelques attaques et de l'impétuosité même de quelques défenses, il y a longtemps que j'aurais regretté l'exil.

« On me reproche mon silence ! Il n'est donné qu'à peu de personnes d'apporter ici une parole éloquente au service d'idées justes et saines. N'y a-t-il donc qu'un seul moyen de servir son pays ? Ce qu'il lui faut surtout, ce sont des actes ; ce qu'il lui faut, c'est un gouvernement ferme, intelligent et sage, qui se mette franchement à la tête des idées vraies pour repousser ainsi, mille fois mieux que par les baïonnettes, les théories qui ne sont pas fondées par l'expérience et la raison. »

Ainsi, que l'Assemblée et ceux du gouvernement que la candidature de Louis Napoléon contre-carre en prennent leur parti ! Ils auraient mauvaise grâce à se plaindre. « Ne te plains pas, disait-on à je ne sais plus quel magistrat, anglais à qui l'on appliquait de dures lois qu'il avait faites, car tu souffres de ton ouvrage ».

Nous recommandons à Louis Napoléon la pensée suivante de sa famille :

« — Le gouvernement électif donne lieu à d'éternelles convulsions. Il est faible, là même où il est remorqué par une dynastie légitime, comme en Pologne ou dans l'empire germanique. Mais dans un état dont le gouvernement de droit se trouve réfugié chez l'étranger, un système électif est le comble de l'absurdité. Comment éviter, en effet, que chaque élection ne devienne le motif d'une guerre civile où l'étranger interviendrait ? Heureux si, à chaque consul, on était quitte pour la perte d'une province, d'une colonie, ou d'une portion de l'indépendance nationale ! Si l'Angleterre fût restée élective après Cromwel, Louis XIV et les Stuarts l'eussent subjuguée et morcelée.

« Certes, s'il n'eût été question que de moi, j'aurais fort bien pu rester maître de l'État avec le titre que j'avais ; mais il s'agissait de la France, et je l'aimais assez pour rappeler plutôt les Bourbons que de la laisser avec un consul électif (1). »

Nous terminerons en disant au prince : « Si la majorité du peuple français vous appelle à la présidence, entourez-vous d'hommes honorables qui aient la confiance de tous ; éloignez de vous les flatteurs qui obstruent toujours les avenues du pouvoir, surtout ces hommes tarés qui corrompent tout ce qu'ils approchent et qui vous vendraient encore comme il vous ont déjà vendu ; un particulier peut pardonner à un infâme, un homme politique jamais. »

(1) *Vie politique et militaire de Napoléon*, racontée par lui-même, etc., par le général baron de Jomini. — T. II, page 31.

LE GÉNÉRAL CAVAIGNAC.

Louis-Eugène Cavaignac est âgé de 46 ans. Il est né le 15 octobre 1802. Son père, Jean-Baptiste Cavaignac, a été membre de la Convention, membre du conseil des Cinq-Cents et préfet sous l'Empire. Sa famille, originaire du département du Lot, y jouit d'une grande considération. Son oncle, le général de division Cavaignac, ancien pair de France, qui n'est pas un républicain de la veille, et dont les longs services ont laissé des souvenirs chers à l'arme de la cavalerie, s'est toujours plu à voir en son neveu Eugène le continuateur de sa carrière militaire; le protégeant de près et de loin, comme un second père, il l'a suivi, encouragé, soutenu de ses conseils et de ses exemples, quand jeune encore, il avait besoin d'appui. Aujourd'hui, le général de la grande-armée est à la retraite, depuis la révolution de Février, et le général de l'armée d'Afrique se trouve le premier magistrat de la République.

Un autre membre de la famille, qui a marqué sa place au premier rang des républicains de l'avant-veille, est trop connu du public pour l'oublier dans cette biographie, c'est Godefroi Cavaignac, frère aîné du général

Eugène. Ce républicain là était un homme intègre, un caractère ferme, un esprit organisateur et fortement trempé; il voulait la République, il a voué sa vie à son triomphe; mais il voulait la République grande comme dans les temps anciens, pure de tout excès et de tout désordre; ce que l'on nomme la République rouge, n'a jamais pu entrer dans ses rêves d'honnête homme et dans ses convictions de publiciste; et s'il eût vécu quand sonna l'heure de la révolution de Février, nul doute qu'il n'eût imprimé aux masses populaires une impulsion morale et régulatrice, qui eût organisé l'atelier pour organiser le travail. Ce n'est pas lui qui aurait compromis la liberté dans les essais infructueux de l'inexpérience, de l'orgueil et de l'entêtement.

Avant d'entrer dans les événements de la vie militaire et politique du président du conseil, quelques détails sur ses dehors et sur son caractère satisferont la curiosité publique. Elle aime qu'on lui fasse voir ceux qui ont écrit leur nom dans l'histoire du pays.

Le général Cavaignac a la taille haute, droite, élancée; c'est le type de l'officier de cavalerie, il a ce quelque chose de déterminé, de net, de résolu que donne la fréquentation du champ de bataille, et qu'on ne trouve pas dans l'officier qui n'a pas quitté les garnisons. Sa voix est claire, son accent est bref, sa phrase est nette.

Peu de mots, mais dits sans hésiter : la première condition pour donner de l'assurance est d'en montrer. Au premier abord, on trouve sa figure sévère et sa politique froide; mais bientôt l'une et l'autre reprennent la bienveillance, qui est un fond de son caractère. Il pousse loin l'abnégation de lui-même; l'ambition a pu lui venir depuis qu'il est au pouvoir, mais tous ceux qui l'ont connu avant son retour d'Afrique, en rendant hommage à son mérite, disaient qu'il était le seul à l'ignorer.... Plusieurs inspirations heureuses ont été remarquées dans ses discours à l'Assemblée nationale. Ses discours ont le grand mérite d'avoir un caractère de loyauté et de franchise incontestables; il doit à cette parole simple et concise, l'influence qu'il exerce sur ses auditeurs. Il ne dit jamais que ce qu'il veut dire, et l'un de nos hommes de tribune le plus habilement verbeux, s'étonnait, après l'avoir entendu, de cette faculté qui, disait-il, était la plus rare et la plus précieuse pour l'homme d'État.

Pour donner plus de développement aux faits qui se rattachent à la conduite politique du général Cavaignac, nous retracerons brièvement les premiers actes de sa vie militaire. Ce ne fut que sur la terre d'Afrique, que Cavaignac conquit ses grades supérieurs à la pointe de son épée. Le 1er octobre 1820, il fut admis à l'école polytechnique, il en sortit deux ans après comme sous-lieutenant du génie, entra à l'école d'application de Metz, et fut placé, en 1824, dans le 2e régiment du génie. Il y devint lieutenant en second le 1er octobre 1826, et lieutenant en premier le 12 janvier 1827. Nommé capitaine le 1er octobre de la même année, il demanda à faire partie de l'expédition de Morée; et comme il doit être permis de rendre justice à tout le monde sous la République, nous dirons en passant que l'expédition en Grèce et la conquête de l'Algerie sont deux faits historiques importants, glorieux, libéraux, qui font le plus grand honneur au pays et à la monarchie.

La première affaire de guerre dans laquelle figura Cavaignac fut la prise du château de Morée. Il s'y fit remarquer par ce courage calme et froid qui révèle l'instinct du commandement et font deviner le général sous l'épaulette du capitaine.

Revenu en France au commencement de 1830, il se trouvait avec son régiment en garnison à Arras, à l'époque de la révolution de juillet, et lorsqu'en 1831 parut le projet d'association nationale, il s'empressa d'y adhérer. Le gouvernement le punit de cette manifestation d'opposition, en le mettant en non activité pendant quelques mois.

Peu de temps après, Cavaignac fut rappelé au service. Il dut cette mesure réparatrice à la sollicitude toute paternelle du général, son oncle, qui se voyait frappé dans la carrière brisée de son neveu. Il obtint son retour au service du maréchal Soult, alors ministre de la guerre, et qui sera toujours une de nos plus grandes illustrations militaires. La France est justement fière de toutes ses gloires. Elles sont de toutes les époques, elles appartiennent à tous ses gouvernements, c'est son bien, son honneur, son histoire.

Et cependant cette réparation ne se fit pas sans quelques paroles échangées en haut lieu. Louis-Philippe n'oublia jamais le républicanisme de Godefroi, et cette rude réponse qu'il avait reçue de lui dans une royale conférence : « Si je suis le fils d'un conventionnel, vous êtes le fils de Philippe-Égalité ! » Cette préoccupation de défiance monarchique s'est plus d'une fois reportée sur le jeune officier de l'armée d'Afrique, et a dû retarder son avancement.

Donc, en 1832, Eugène Cavaignac, rappelé au service, fut envoyé en garnison à Metz, et désigné, quelques mois après, pour faire partie de l'armée d'Afrique.

C'est ici que ces services militaires commencent à êtes remarqués par ses compagnons d'armes, et que dans une existence de fatigues et de dangers qu'il devait mener pendant seize ans, il se montre constamment supérieur aux circonstances les plus périlleuses et aux plus rudes épreuves. C'est en Afrique que, livré à lui-même et en position de déployer de hautes qualités inaperçues jusqu'alors, il va devenir le fils de ses œuvres.

Le 4 juin 1833, sous les ordres du général Desmichel, qui commandait la division d'Oran, dans un combat contre Abd-el-Kader, le capitaine Cavaignac se distingue par tant de sang-froid et d'intelligence que sa conduite est mise à l'ordre du jour de l'armée. Il est nommé chevalier de la Légion-d'Honneur.

En 1834, il prend part à l'expédition de Mascara.

En janvier 1836, le maréchal Clauzel lui donne le commandement de la citadelle de Tlemcen : la défense est héroïque. Le maréchal ayant annoncé au capitaine Cavaignac qu'il demanderait pour lui le grade de chef de bataillon, il répond qu'il n'acceptera rien s'il est le seul récompensé, et si on ne tient pas la promesse qui a été faite de donner un grade à chaque officier de son bataillon.

Ce fait, que nous puisons dans *les Anales algériennes*, annonçait l'homme qui, tout récemment encore, disait à la tribune, en désignant le général Lamoricière.

« Pour moi, si j'avais une surprise à exprimer ici, moi qui l'ai vu pendant quinze ans sur la terre d'Afrique, c'est de le voir au second rang quand je suis au premier. »

C'est là plus que de l'éloquence. Quand on n'a que d'aussi nobles sentiments à exprimer, on n'a pas besoin de chercher ses paroles : celles qui vous arrivent sont les meilleures.

En 1837, en même temps que ses sous-officiers recevaient des récompenses bien méritées, il était nommé chef de bataillon.

C'était à cette occasion que le maréchal Bugeaud écrivait :

« Cavaignac est un officier instruit, ardent, zélé, susceptible d'un grand dévouement, qui, joint à sa haute capacité, le rend propre aux grandes choses, et lui assure de l'avenir, si sa santé n'y met obstacle. »

Sa santé, en effet, avait été gravement altérée par les fatigues et les privations. Il obtint un congé, rentra en France, et profita de ce temps de repos pour écrire un livre qui fit alors sensation, et qui avait pour titre : *de la Régence d'Alger*.

Cependant Cavaignac paraissait décidé à renoncer à la carrière militaire, lorsque Abd-el-Kader, violant le traité de la Tafna, nous déclara la guerre. Au premier bruit de nos désastres, il demanda à aller servir de nouveau en Afrique.

Le ministre de la guerre le désigna pour commander le 2e bataillon d'infanterie légère d'Afrique.

Dans une sortie faite contre les Arabes, il est blessé d'une balle à la cuisse. On l'apprend à Paris par lettres particulières ; Cavaignac n'en avait pas parlé sur son bulletin officiel.

En 1840, Cavaignac est nommé lieutenant-colonel des zouaves.

Le général Changarnier, allant ravitailler Milianah avec une poignée d'hommes, au milieu de populations belliqueuses dans un pays montagneux, Cavaignac est chargé de faire l'arrière-garde avec des zouaves.

Il est blessé d'une balle au pied. Son cheval est tué sous lui.

Il soutient la retraite avec une bravoure, un sang-froid et une habileté qui excitent l'admiration générale.

Au mois d'août 1841, il fut nommé colonel et maintenu à la tête du régiment des zouaves.

Le gouvernement, bien conseillé en cela par le maréchal Bugeaud et le général Lamoricière, à qui il faut en reporter l'idée première, résolut de construire, au printemps de l'année 1843, des postes destinés à devenir avec le temps des villes populeuses, à Ténès, à Es-Snam, Tenit-el-Had et Tiaret.

Cavaignac fut chargé de l'établissement d'Es-Snam.

Il se porta là avec 2,500 hommes à peine, et un an après, au milieu d'une plaine où l'on ne voyait d'abord que quelques lambeaux de terres cultivées, des lotus et des vestiges informes de constructions romaines, s'étaient élevés des établissements militaires de tout genre, des maisons de colons, un aqueduc, une église, rudiments avancés de la civilisation chrétienne. Pendant que d'une main il bâtissait cette ville qui devait prendre le nom d'un prince de la dynastie régnante, de l'autre il combattait et amenait à soumission les tribus qui l'environnaient. A la fin de 1844, la paix était complète dans la nouvelle subdivision dont Orléansville était devenu le chef-lieu.

Ce fut alors qu'un nouveau grade fut donné à Cavaignac et qu'il reçut le commandement de la subdivision de Tlemcen.

Le 2 mars, un navire étranger, abordant à Oran, jeta sur le rivage la première nouvelle de la République à Paris. Cavaignac, qui avait succédé au général de Lamoricière dans le commandement de cette province, fit connaître à l'armée et à la population que la France venait de changer la forme de son gouvernement.

Avec la nouvelle de la Révolution du 23 février, il apprit qu'il était nommé général de division et gouverneur de l'Algérie.

Dès le premier moment de son installation, le Gouvernement provisoire avait pensé à lui confier le portefeuille de la Guerre. Appelé à l'Hôtel-de-Ville, le 24 février au soir, Lamoricière désigna son ancien lieutenant comme le plus capable de remplir ces fonctions, toujours si difficiles au moment des grandes révolutions, et qui donnent au chef, qui en est investi, avec la force, le moyen de les dominer. La délibération fut longue, et l'on conclut à laisser Cavaignac au poste que venait de quitter le duc d'Aumale.

Plus tard, le ministère de la Guerre fut encore offert au nouveau gouverneur général de l'Algérie: il le refusa.

Ce refus fut motivé dans une lettre écrite au Gouvernement provisoire. D'après ce qu'on rapporte du contenu de cette lettre, rien, dit-on, n'est plus franc, plus noble, plus sympathique à la dignité de l'armée que l'expression des sentiments qui ont dicté ce message. Un de nos plus braves généraux, à qui l'on en répétait quelques passages, en fut tellement impressionné, qu'il s'écria, les larmes aux yeux : On peut dire au général Cavaignac que pour l'honneur de l'armée et le maintien des principes qu'il soutient avec tant de noblesse et de fermeté, moi, son compagnon d'armes, en Afrique, et son ancien de grade, je suis prêt à servir sous ses ordres comme simple soldat. — On se souvient que le 23 février, les troupes avaient subi l'humiliation de rendre leurs armes sans combat.

Le Gouverneur-général de l'Algérie avait eu connaissance de cette déplorable circonstance par les journaux, et ce souvenir ne pouvait manquer d'avoir une grande influence sur les dispositions militaires, que le ministre de la guerre dût prendre le premier jour de l'insurrection de Juin.

Nommé, aux élections générales d'avril, représentant du peuple, par le département de la Seine et par le département du Lot, Cavaignac voulut venir remplir son mandat à l'Assemblée nationale, convoquée pour le 4 mai. Il demanda et obtint d'abandonner le poste éminent qui lui avait été confié.

Il arriva à Paris, le 17 mai, et prit possession du portefeuille du ministère de la guerre.

Il entrait ainsi pour la première fois dans la vie politique, et dans un moment critique où une vieille expérience d'homme d'état eût à peine suffi aux nécessités de la situation... L'armée était découragée, l'élite de nos généraux mise en masse à la retraite. Deux ou trois officiers d'un grade peu élevé, avaient provoqué cette mesure de désorganisation et d'ingratitude. Le nouveau ministre de la guerre n'y avait pris aucune part, et s'il se crut obligé d'accepter, comme un fait accompli, cette impolitique razzia de nos illustrations militaires, du moins l'on peut dire, que la pensée qui l'a conçue n'eût pas osé se produire sous son ministère.

Il était à peine installé depuis un mois au ministère de la guerre, quand le tocsin de la guerre civile retentit dans Paris.

Justement effrayé des périls et de l'importance de cette lutte terrible, l'Assemblée nationale voulut concentrer dans la main d'un seul toutes les forces militaires et civiles dont elle disposait. Elle investit le général Cavaignac de la dictature militaire.

Déjà, et dans l'après-midi de cette journée du 23, le général s'était porté avec une partie de ses forces disponibles dans le faubourg du Temple, et présidait à l'enlèvement de la principale barricade.

Dans cette première journée, la garde nationale avait montré beaucoup de zèle, de courage et d'empressement ; le général la remercia en ces termes. Nous citons avec plaisir ces proclamations, parce qu'elles peuvent figurer à côté des modèles que nous a léguée l'éloquence militaire de nos grands généraux. Puis on aime à entendre des voix humaines s'élever au milieu de ces tumultes de la guerre. C'est le *solo* qui repose du vacarme de l'orchestre et des chœurs, c'est le bon sens de la bataille.

LE GÉNÉRAL CAVAIGNAC,

CHEF DU POUVOIR EXÉCUTIF,

A la garde nationale.

« CITOYENS,

« Votre sang n'aura pas été versé en vain. Redoublez d'efforts, répondez à mon appel, et l'ordre, grâce à vous, grâce au concours de vos frères de l'armée, sera rétabli. Citoyens, ce n'est pas seulement le présent, c'est l'avenir de la France et de la République que votre héroïque conduite va assurer. Rien ne se fonde, rien ne s'établit sans douleurs et sans sacrifices ; soldats volontaires de la nation intelligente, vous avez dû le comprendre. Ayez confiance dans le chef qui vous commande, comptez sur lui comme il peut compter sur vous. La force, unie à la raison, à la sagesse, au bon sens, à l'amour de la patrie, triomphera des ennemis de la République et de l'ordre social. Ce que vous voulez, ce que nous voulons tous, c'est un gouvernement ferme, sage, honnête, assurant tous les droits, garantissant toutes les libertés; assez fort pour refouler toutes les ambitions personnelles, assez calme pour déjouer toutes les intrigues des ennemis de la France. Ce gouvernement, vous l'aurez, car, avec vous, car avec votre concours, entier, loyal, sympathique, un gouvernement peut tout faire. »

Il adresse aux soldats une autre proclamation :

A L'ARMÉE.

SOLDATS,

« Le salut de la patrie vous réclame ! C'est une terrible, une cruelle guerre que celle que vous faites aujourd'hui. Rassurez-vous, vous n'êtes point agresseurs: cette fois, du moins, vous n'aurez pas été de tristes instruments de despotisme et de trahison. Courage, soldats, imitez l'exemple intelligent et dévoué de vos concitoyens; soyez fidèles à la République.

« A vous, à moi, un jour ou l'autre, peut-être aujourd'hui, il nous sera donné de mourir pour elle. Que ce soit à l'instant même, si nous devons survivre à la République. »

Enfin, le général Cavaignac, après avoir justifié par les préparatifs d'une attaque à laquelle tout doit céder, la confiance dont il était investi, tente auprès des insurgés des moyens de persuasion, et cherche, dans la proclamation suivante, à les éclairer sur le caractère de la lutte qu'ils ont engagée et sur ses conséquences inévitables.

AUX INSURGÉS,

Au nom de l'Assemblée nationale.

« CITOYENS,

« Vous croyez vous battre dans l'intérêt des ouvriers, c'est contre eux que vous combattez; c'est sur eux que retombera tant de sang versé. Si une pareille lutte devait se prolonger, il faudrait renoncer à l'avenir de la République. Au nom de la patrie ensanglantée, au nom de la République que vous allez perdre, au nom du travail que vous demandez, et qu'on ne vous a jamais refusé, trompez les vœux de vos ennemis communs, mettez bas vos armes fratricides, et comptez que le gouvernement, s'il n'ignore pas que dans vos rangs il y a des instigateurs criminels, sait aussi qu'il s'y trouve des frères qui ne sont qu'égarés et qu'il rappelle dans les bras de la Patrie. »

Un grand nombre de représentants, il faut le dire, s'associa à ces généreux efforts de pacification.

Cette proclamation est lancée derrière les barricades, rien n'est épargné pour arrêter l'effusion du sang.

Dans la journée du 25, le chef du Pouvoir exécutif continue de prendre, avec une infatigable énergie, toutes les mesures réclamées par les circonstances. Tant de zèle, tant d'efforts, le sang d'un martyr frappé quand il marchait à l'ennemi, n'ayant à la main que la croix et son rameau vert, afin de montrer comment la religion entend la fraternité; tant d'héroïsme, en un mot, ne pouvaient rester impuissants; encore un effort et la société est sauvée! Le 26 juin, Cavaignac le demandait ainsi à ses compagnons de bataille.

« Citoyens, soldats, grâce à vous l'insurrection va s'éteindre. Cette guerre sociale, cette guerre impie qui nous est faite tire à sa fin depuis hier; nous n'avons rien négligé pour éclairer les débris de cette population égarée, conduite, animée, par des pervers. Un dernier effort, et la Patrie, la République, la Société tout entière seront sauvées.

« Partout il faut rétablir l'ordre, la surveillance; les mesures sont prises pour que la justice soit assurée dans son cours. Vous frapperez de votre réprobation tout acte qui aurait pour but de la désarmer. Vous ne souffrirez pas que le triomphe de l'ordre, de la liberté, de la République en un mot, soit le signal de représailles que vos cœurs repoussent! »

Hélas! ces dernières paroles, inspirées par un sentiment d'humanité qui honore le vainqueur, ont-elles été écoutées et l'ordre qu'elles contiennent ponctuellement suivi?... Pleurons sur tant de victimes, pleurons sur le vainqueur aussi bien que sur le vaincu... Il n'y a pas de triomphe dans les guerres civiles. Couvrons d'un seul et même crêpe la victoire des uns et la défaite des autres, l'épée du vainqueur et la tombe du vaincu; car la France en tendant la main à ses libérateurs détourne la tête et pleure parce qu'elle n'oublie pas que les agresseurs étaient aussi ses enfants.

A côté de ces inspirations de la clémence et de l'humanité que nous venons de rappeler, se plaçaient aussi les inspirations d'un devoir impérieux. Dans la nuit du 25 au 26, les insurgés avaient fait parvenir au président de l'Assemblée nationale et au général Cavaignac une demande qui se formulait en une condition d'amnistie pleine et entière. Le général répond que cette condition est une insulte. Il ajoute qu'il ne peut entendre qu'un mot : *Soumission absolue;* et, pour en finir, il déclare positivement et énergiquement qu'il n'entendrait plus rien de pareil et qu'il était inutile qu'on se dérangeât si l'on n'avait pas autre chose à lui proposer. En même temps de nouveaux et derniers ordres sont donnés pour l'attaque simultanée sur deux points différents du faubourg Saint-Antoine.

Ces ordres ont tout le succès que l'on devait en attendre. Enfin, le général peut faire connaître à la population qui attend, dans des transes indicibles, le terme de cette effroyable collision.

Paris, 26 juin (1 heure 40 minutes).

« Le faubourg Saint-Antoine, dernier point de la résistance, est pris. Les insurgés sont réduits, la lutte est terminée, l'ordre a triomphé de l'anarchie. »

Qu'est-il besoin de s'étendre davantage sur ses sanglantes péripéties de ces quatre néfastes journées pendant lesquelles nos généraux, nos soldats, nos gardes nationaux, ont si douloureusement arraché la société en péril à l'invasion de ses ennemis acharnés? Est-il une ville, un village, qui n'ait connu tous les détails de ce drame terrible? Est-il un cœur de citoyen qui n'ait battu de gratitude et de joie en acclamant les noms des généraux qui ont si bien mérité de la Patrie? car ils l'ont sauvée, eux, et l'ordre social tout entier. Et pourtant, quelques mois à peine nous séparent de cette guerre civile, et à l'occasion de la présidence de la République, des voix s'élèvent, qui accusent les intentions du chef qui commande en ce moment suprême.

Quelles sont les charges qu'on fait peser sur elles?

Le plan militaire au premier jour de l'insurrection. — Il y avait environ 25,000 hommes de troupes à Paris. — Les membres de la commission exécutive avaient envoyé la veille l'ordre de faire marcher les régiments sur divers points de la capitale. — Ces ordres n'ont pas été exécutés par le ministre de la guerre. — Donc, le plan de ce ministre était de sacrifier la garde nationale, et de laisser d'abord accroître le péril pour s'emparer ensuite de la dictature.

Voici les termes de l'attaque réduits à leur plus simple expression.

Que répondent les partisans de Cavaignac ?

Dans le dévergondage gouvernemental où l'on se trouvait depuis le 23 février, était-il possible d'admettre qu'un général de quelque valeur pût subordonner son plan militaire à la stratégie bien intentionnée sans doute, mais à coup sûr, peu compétente du conseil des cinq, composé d'un financier, de deux avocats, d'un astronome et d'un poète?

Voulez-vous savoir, continuent les défenseurs du général, quel était le plan du ministre de la guerre, investi, à midi seulement, le 23 juin, du titre de chef du Pouvoir exécutif, assumant sur lui seul, sur lui seul, entendez-vous ! la terrible responsabilité du salut de la République ?

Le général Cavaignac l'a dit à la commission d'enquête Il se rappelait la grave atteinte portée en février à l'honneur de l'armée. Il ne voulait point diviser ses troupes. Il en connaissait tout le danger.

Qu'aurait-on obtenu avec les ordres exécutés de la commission exécutive ? On aurait éparpillé des régiments fractionnés dans une multitude de points de la capitale, et, comme en février, des bataillons isolés auraient subi de nouveau cette honte du désarmement, comme il est encore arrivé à un bataillon sur la place des Vosges.

Et l'un des défenseurs du plan de campagne ajoute :

Etablissons par des chiffres la preuve de ce que nous avançons. Des 25,000 hommes, vous en eussiez bien laissé 6,000 pour garder l'Assemblée nationale, 4,000 à l'Hôtel-de-Ville : ces deux points étant plus fortement menacés, comme le cœur de la place, il vous restait donc 15,000 hommes dont 13,500 d'infanterie, la seule troupe qui pût agir contre les barricades. Or, par l'immense étendue de terrain qu'occupait ou que devait occuper l'insurrection, d'après son plan stratégique, vous eussiez à peine eu un demi-bataillon à chaque endroit menacé, vous eussiez exposé vos troupes à être désarmées, et le premier revers que vous auriez éprouvé, en portant le découragement dans votre camp, eût redoublé l'ardeur de nos ennemis.

Ainsi que nous l'avons dit, cette humiliation du désarmement subie par les troupes le 23 février avait vivement impressionné le général sur la terre d'Afrique.

Pendant quatre jours et quatre nuits que dura cette bataille impie qui a tué un archevêque, six généraux et tant d'officiers, de citoyens et de soldats, le général pourvut à tout et triompha de l'insurrection la plus acharnée qui ait jamais ensanglanté la ville de Paris. Certes, si dans les jours qui suivirent un si éclatant service rendu à la patrie, à l'ordre, au respect de la loi et des droits de tous, l'urne électorale eût été consultée pour l'élection du président de la République nul doute que l'unanimité des suffrages n'eût désigné qu'un seul candidat.

Ici, en reconnaissant tout ce que l'apologie peut avoir d'équitable, nous constatons un fait : il n'y a plus unanimité dans ces suffrages qu'on demande pour lui.

Pourquoi ? d'où vient ce partage dans l'opinion publique ? et quelles paroles, quels actes ont pu faire perdre une partie de cette immense popularité dont jouissait d'abord celui qui, depuis le 29 juin, dirige les affaires du pays sous le titre de président du conseil des ministres, chargé du pouvoir exécutif.

C'est ce que nous allons examiner avec une complète impartialité.

Après les épouvantables journées de juin, à part cette minorité ennemie déclarée de tout repos public, et qui passe sa vie dans les conspirations et les insurrections, tous les partis et leurs espérances diverses avaient entièrement disparu... il n'y avait plus ni bonapartistes, ni légitimistes, ni orléanistes. La France avait simplifié la question, l'émeute avait fait ce qu'on n'a pas voulu faire ; au lendemain de la Constitution, elle l'avait mise en demeure de s'expliquer, elle avait répondu à cet appel par un cri de réprobation, par l'envoi de tous ses enfants à la répression de cet effroyable cataclysme. Deux seules politiques étaient alors en présence : la politique de l'ordre et la politique du désordre. Et le pays disait : Ma confiance est à celui qui, nettement, franchement, résolument, prendra la route qui m'éloignera des catastrophes que je veux éviter.

Eh bien ! c'est pour n'avoir pas pris ce parti décisif, ouvertement, officiellement dans ses paroles et par ses actes ministériels, que la grande et juste popularité du général Cavaignac s'est refroidie d'abord et s'est ensuite divisée.

C'est la répétition de ce que nous avons déjà vu : Tout le monde se souvient encore des 2,500,000 suffrages accordés à l'éloquente et courageuse voix de Lamartine qui, en mars, sur la place de l'Hôtel-de-Ville, avait fait triompher le drapeau tricolore sur le drapeau rouge, « drapeau sinistre, qui n'a jamais fait que le tour du Champ-de-Mars dans le sang du peuple. » Deux mois après, par une générosité plus chevaleresque que politique, à l'occasion de la nomination des cinq membres de la commission exécutive, il déclare à la tribune nationale qu'il ne veut pas se séparer du citoyen Ledru-Rollin... Le scrutin de l'Assemblée répondit à l'instant même, Lamartine descendit de toute sa hauteur politique, au quatrième rang, à côté de celui qu'il n'a pas voulu quitter.

Cette cruelle leçon était un avertissement significatif sur le danger des alliances rouges. Depuis, une poignée de main à ce même Ledru-Rollin, si fatal pour ceux qui le touchent de près ou de loin, quelques paroles échappées à la tribune sur les *inimitiés irréconciliables;* et enfin en dernier lieu, la nomination de M. Gervais (de Caen), à la préfecture de police, et de M. Recurt, à la préfecture de la Seine, après celle de MM. Dufaure et Vivien aux deux ministères de l'intérieur et des travaux publics, ont opéré, nous le croyons,

ce revirement dans l'opinion et augmenté les chances de l'autre candidat à la Présidence.

Voilà les faits exacts et leur appréciation dans toute l'indépendance de la vérité.

Nous ne parlerons pas d'autres accusations qui ne sont plus que des injures, et qui, par cela même, manquent le but qu'on veut atteindre? Toute opposition de bonne foi, toute critique honnête et modérée honore l'écrivain qui la fait. Mais la presse, toujours forte par le calme et la raison, est toujours impuissante par la violence, et le trait injustement lancé retombe presque toujours sur l'agresseur, et le blesse quand il ne le tue pas.

Quant à nous, si nous nous sentions animés contre un candidat, d'un ressentiment personnel, quelque fondé qu'il soit, la plume nous tomberait des mains, plutôt que de nous engager dans une polémique qui à notre insu deviendrait ardente comme la colère passionnée comme la haine, ce serait le cas de nous récuser ; car avant nous, avant tout, nous ferions passer le salut de la France. Citoyen et garde national, le cœur encore tout ému des malheurs que nous avons vus, des ruines qui nous entourent, et surtout du nouvel abîme qui peut s'ouvrir sous nos pas, nous comprenons très bien que l'appréciation de grandes qualités, d'un noble caractère, que la reconnaissance pour l'immense service rendu à la France, au mois de Juin, fasse sortir de l'urne de nos destins, le nom de l'homme qui a sauvé le pays.

LAMARTINE.

Quelqu'un a dit, Châteaubriand, si j'ai bonne mémoire : Le génie est un fou sublime! Cette définition, contre laquelle s'inscrivent tant de grands hommes dont le génie éclairé par la vérité sert de fanal à la raison humaine, nous paraît s'appliquer on ne peut mieux au grand poète, à l'éloquent prosateur, au philosophe nébuleux, à l'homme politique ondoyant et divers dont nous allons esquisser la biographie.

Voir se réaliser à la suite d'une révolution, prévue d'ailleurs par tout le monde, les rêves de l'imagination la plus déréglée; c'est-à-dire se trouver porté tout à coup par le flot populaire au faîte du pouvoir suprême, c'est, il faut bien en convenir, un de ces hasards qui se rencontrent rarement dans la vie d'un homme. Celui dont il s'agit ici fût-il à la hauteur du rôle pyramidal qui lui était fait, c'est ce que ce même peuple qui le porta dans ses bras à l'Hôtel-de-Ville, le 24 février dernier, doit décider le 10 décembre.

Né à Mâcon, le 21 octobre 1790, Alphonse de Prat, qui, plus tard, se fit appeler de Lamartine, du nom d'un frère de sa mère, fut élevé par celle-ci sur les bords de la Saône et dans la solitude de Milly, modeste retraite où sa famille, attachée par des emplois à l'ancienne monarchie, était allée chercher le calme et l'oubli des persécutions qu'elle avait subies en 93.

S'il est vrai que les temps, les lieux, les circonstances et surtout les personnes dont un enfant est entouré, contribuent puissamment à déterminer les tendances de son esprit, M. de Lamartine devait inévitablement être le grand poète que vous savez. Ainsi, le talent descriptif qu'on remarque dans ses ouvrages, s'explique par la contemplation continuelle de la nature; les joies et les douleurs de la famille développèrent ensuite cette sensibilité profonde qui caractérise ses premiers ouvrages, et c'est dans l'âme de sa mère qu'il puisa les élans religieux qui signalèrent la première période d'un talent dont le feu divin semble s'être retiré depuis que l'amour filial ne l'inspire plus.

Lorsque cette admirable mère, dont l'influence sur la première enfance de son fils fut si douce, sentit que le jeune aiglon qu'elle avait porté dans son sein avait besoin d'espace, elle le fit entrer au collége de Billey, sainte maison dans laquelle le poète adolescent cultiva non-seulement les fleurs de piété que Mme de Lamartine avait semées dans son cœur, mais aussi les fleurs de la science, de la littérature et de l'éloquence, que les bons moines de Belley, gens aussi instruits que modestes, lui dispensèrent à foison.

Puis, lorsque Mme de Lamartine, dont l'orgueil maternel pressentait les destinées de son fils, crut qu'il pouvait, soutenu par la foi, se mêler sans danger à la vie des hommes; elle le fit partir pour cette Italie, terre classique que les peintres et les poètes doivent visiter avant de peindre ou de chanter les grandes leçons du passé.

Après avoir foulé, selon son expression pittoresque, *la poussière humaine de l'Italie*, M. de Lamartine, dont la poétique nature s'enivra de l'encens des temples, des chefs-d'œuvres de l'art et du culte des souvenirs, voulut compléter son éducation en visitant Paris, cette capitale du monde intellectuel, auquel il appartenait par son génie. Lancé à vingt ans dans le pandemonium des idées modernes, ce jeune homme, dont le cœur avide d'émotions commençait à s'inscrire contre les pieux conseils de sa mère, paya sa dette au scepticisme, et peut-être le futur auteur des *Méditations* eut-il débuté dans la carrière littéraire par la *Chute d'un Ange*, si l'amour, cette passion qui pervertit les intelligences communes, ne fût venu réconcilier la sienne avec la foi.

Grâces soient donc rendues à cette tendre et mystérieuse Elvire dont l'âme devait être éminemment belle, si nous en jugeons par les chants qu'elle inspira !

Royaliste comme ses pères, M. de Lamartine avait refusé de prendre du service sous l'Empire; les Bourbons étant revenus, il entra dans les gardes-du-corps en 1813.

La mort d'Elvire, et peut-être aussi l'indépendance de son caractère, ne lui permirent pas de suivre la carrière militaire; frappé dans son affection la plus chère, il fallait à sa douleur la solitude, à son âme l'espace, à son esprit la liberté... Il s'en fut demander au toit paternel ces conditions premières de son génie, et les premiers chants de sa lyre ayant obtenus un brillant succès, il reparut dans le monde, en 1820, le front ceint de la poétique auréole que ses *Méditations* venaient d'y poser.

Généreuse envers tous les talents, la Restauration, qui grandissait alors ses ennemis eux-mêmes, s'empressa d'attacher le jeune poète à la légation de Florence, et, plus tard, à l'ambassade de Naples. Non consolé par les faveurs de la fortune, l'amant d'Elvire conservait dans son cœur et sur son visage cette intéressante mélancolie qui respire dans ses beaux vers. Aussi ses biographes nous apprennent-ils que dans son séjour à Florence, le nouveau secrétaire de légation s'étant soustrait un soir aux splendeurs d'une fête pour aller rêver dans un bosquet, entendre murmurer sous l'épaisseur du feuillage une voix douce et tendre qui soupirait ces vers des *Méditations* :

« Peut-être l'avenir me garde-t-il encore
« Un retour de bonheur dont l'espoir est perdu :
« Peut-être dans la foule une âme que j'ignore
« Aurait compris mon âme et m'aurait répondu. »

Les biographes ajoutent que l'âme du poète, ayant été comprise par l'âme ignorée de la jeune femme, M. de Lamartine devint l'heureux époux d'une riche étrangère éprise de sa personne et de son génie.

Ici doit s'ouvrir la seconde période de la vie de M. de Lamartine, période heureuse et brillante pendant laquelle la fortune et la gloire semblent se réunir pour le fixer dans la carrière littéraire.

De nouvelles *Méditations*, la *Mort de Socrate* et le *Dernier Chant de Childe-Harold*, précédèrent ses *Harmonies poétiques et religieuses*, ouvrage dont la supériorité sur les *Méditations* ne fut comprise, lors de son apparition, que par un petit nombre d'esprits d'élite, mais qui, triomphant de l'étrange rivalité du poète contre lui-même, sont à présent le plus beau titre de gloire littéraire que M. de Lamartine puisse invoquer.

Les Méditations avaient frappé au seuil de l'Académie, *les Harmonies en* forcèrent les portes en 1829.

Un grand malheur vint jeter son ombre sur ce triomphe; Mme de Lamartine mourut peu de jours avant la réception académique de son fils. Connu de l'Europe entière, par ses vers, M. de Lamartine venait d'être nommé par Charles X, ministre plénipotentiaire de France en Grèce, lorsqu'éclata la révolution de 1830. Plus affligé qu'étonné de la chute du trône, M. de Lamartine crut devoir porter pendant quelques mois le deuil de la vieille monarchie.

« J'aimais, disait-il en 1832, cette famille des Bour- « bons, parce qu'elle avait eu l'amour et le sang de mon « père, parce qu'elle aurait eu le mien si elle l'avait « voulu, mais la révolution de Juillet ne m'a point « aigri. Je l'ai vu venir de loin, neuf mois avant le « jour fatal; la chute de la monarchie était écrite dans « le nom des hommes qu'elle chargeait de la conduire. « Ces hommes étaient dévoués et fidèles, mais ils étaient « d'un autre siècle, d'une autre pensée; tandis que la « pensée du siècle marchait dans un sens, ils allaient « marchant dans un autre; la séparation était con-

« sommée dans l'esprit, elle ne pouvait tarder dans les « faits, c'était une affaire de jours et d'heures. J'ai « pleuré cette famille qui semblait condamnée à la des- « tinée et à la cécité d'Œdipe. »

Hélas! suffit-il donc de faire de la politique *suivant les temps*, pour échapper aux chutes? et la cécité d'Œdipe n'atteint-elle pas beaucoup de ceux qui croient avoir deviné l'énigme proposée aux hommes d'état par le sphinx populaire de notre époque?

Après avoir *pleuré cette famille qu'il aimait*, M. de Lamartine, dont l'esprit avait subi cette transformation que produit l'âge mûr chez la plupart des hommes, se tourna vers la politique, et crut *qu'il devait rentrer dans les rangs des citoyens*, *penser*, *agir et combattre avec la famille des familles*, *avec le pays.*

Ces premières tentatives pour arriver à la députation ne furent point heureuses, et la poésie ressaisissant bientôt son favori, M. de Lamartine entreprit de réaliser un des rêves de son enfance en frétant un navire pour l'Orient.

Ce voyage, poëme en action, dont l'intérêt dramatique repose sur cette frêle jeune fille qui, trop faible pour supporter la fatigue et les dangers d'une transplantation s'éteignit sur le sein qui l'avait porté, ce voyage fut un double malheur pour M. de Lamartine; car non seulement il lui enleva l'objet de ses plus chères affections, mais il laissa, dit-on, en Orient, l'espérance d'une autre vie et perdit la foi dans les lieux que tant de pélerins visitent pour la raviver.

Dans le récit, brillant d'images, que le poète nous a donné de son voyage, on remarque au milieu des descriptions les plus poétiques, des aperçus politiques qui montrent que le voyageur n'avait pas abdiqué son ambition en visitant les rives étrangères, et qu'il se croyait appelé à jouer un grand rôle dans son pays.

Les prédictions de lady Stanhope réveillèrent-elles ses prétentions ou ne furent-elles que le reflet des idées que sa pénétration lui avait fait deviner? — Toujours est-il que cette étrange solitaire, qui reçut le poète sur une des cimes du Liban, lui dit, après avoir remarqué la courbe aristocratique de son coup de pied : « Vous êtes un de « ces hommes de désir et de bonne volonté dont Dieu « a besoin comme instrument pour les œuvres mer- « veilleuses qu'il va bientôt accomplir, » et encore : « Croyez ce que vous voulez, vous n'en êtes pas moins « un de ces hommes que j'attendais, que la Providence « m'envoie, et qui ont une grande part à accomplir « dans l'œuvre qui se prépare. Bientôt vous retour- « nerez en Europe ; l'Europe est finie, la France seule « a une grande mission à accomplir, vous y par- « ticiperez ! »

Quelle influence les hallucinations de cette poétique aventurière ont-elles exercée sur l'imagination de M. de Lamartine, c'est ce qu'il ignore peut-être ; toujours est-il que c'est de son voyage en Orient qu'il faut dater son scepticisme monarchique et ses tendances républicaines.

Rentré en France, en 1833, M. de Lamartine, élu bientôt par le département du Nord, débuta à la tribune législative, le 4 janvier 1834, dans la discussion sur l'adresse, et soit prévention, soit réalité, le public trouva que son éloquence ne répondait pas à l'idée qu'on s'en était faite.

Plus tard, il fit parcourir à son auditoire les contrées idéales de sa politique ; mais il ne sut pas tout d'abord se soumettre aux formes parlementaires, et ses allures de poète inspiré, gênées par le prosaïsme de ses confrères, eurent besoin de se modifier pour réussir.

Placé à cette époque dans un milieu négatif, et n'ayant pas encore la conscience bien nette de ce qu'il voulait, M. de Lamartine, sympathisant d'ailleurs à tout sentiment généreux, vibrait à tout vent comme la harpe éolienne, s'inclinant aujourd'hui devant les bienfaits de la monarchie, se relevant le lendemain fier d'être tribun d'un gouvernement constitutionnel, ou réclamant, un autre jour, la souveraineté populaire usurpée en 1830, sans que la Chambre ou le pays vissent autre chose dans ces variations politiques que les fantaisies d'un poète déguisé en législateur.

Fatigué de sa position, M. de Lamartine, auquel on demandait en vain de formuler ses principes, parvint à sortir du nébulisme de ses doctrines en se créant chef du *parti social*, espèce de fiction qui ressemblait dans son origine au canapé des doctrinaires, mais qui, fécondé par les passions et se recrutant de toutes les misères de l'époque, posa bientôt, à l'insu de son fondateur, les bases de cette république *démocratique et sociale* qui menace d'engloutir un de ces jours nos fortunes et nos libertés.

Quand il eut ainsi trouvé un terrain, M. de Lamartine parvint à le fertiliser en y faisant entrer toutes les idées, toutes les améliorations politiques et sociales qui s'agitaient dans son esprit. Il se flattait, en homme d'imagination qu'il est, de les faire prévaloir et de les appliquer un jour à la France par des institutions pacifiques. C'est une erreur dont le poète a dû gémir, quand il a vu ses disciples, portant des doctrines socialistes bien autrement avancées que les siennes, compromettre, par leurs exigeances, la république sage et modérée que le Gouvernement provisoire voulut nous donner.

Comprenant que sa renommée poétique lui servait en quelque sorte de piédestal, M. de Lamartine, qui fait des vers comme l'oiseau chante, laissa tomber de sa plume, pendant le cours de ses travaux législatifs, *Jocelyn*, cette sublime hérésie qu'on admire en la déplorant; *la Chute d'un Ange*, ce triste défi jeté par le plus éloquent de nos spiritualistes aux auteurs sensualistes de notre époque; et les *Recueillements poétiques*, espèce de confidences dans lesquelles on sent trop peut-être le laisser-aller d'un poète qui, sûr de la sympathie de ses lecteurs, ne se donne plus la peine de travailler, et donne au public, sans les corriger, les plus imparfaites comme les plus charmantes productions d'un esprit gâté par l'admiration.

Quelque intéressant qu'il fût de suivre à travers ses succès les transformations de cet esprit qui, des hauteurs intellectuelles où ses premiers élans l'avaient porté, n'a pas craint de descendre dans les bas-fonds de l'école sensualiste, et s'est fourvoyé dans le seul but de prouver qu'il savait faire vibrer toutes les cordes de la lyre, nous nous contenterons d'indiquer cette étude à nos lecteurs et nous appellerons leur attention sur celui des ouvrages de M. de Lamartine, dont le succès a obtenu le plus de retentissement.

Au point de vue littéraire, *les Girondins* méritent les éloges qu'ils ont obtenus. Peu de livres possèdent à un plus haut degré l'art de vous captiver en vous froissant. Portraits, caractères, effets dramatiques, couleurs locales, tout cela revêtu d'un style qui vous dérobe la hardiesse de certaines pensées ou la témérité de certains tableaux, font qu'on dévore le poison contenu dans cet ouvrage qui semble écrit sous l'inspiration du génie des tempêtes populaires.

Glorification téméraire de la Révolution de 93 et préface de celle de 1848, l'œuvre *des Girondins* n'est pas seulement celle de Lamartine. Semblable à Voltaire, qui se fit le type des idées anti-religieuses de son temps, le poète des *Méditations*, cet homme qui traduisit en beaux vers l'instinct religieux que Châteaubriand venait d'évoquer, s'est rendu, dans *les Girondins*, le type et l'organe des idées et des ambitions révolutionnaires de son époque. Dans cet ouvrage, où les illusions du poète transforment en vertus des forfaits voués par l'histoire à l'exécration des siècles, M. de Lamartine, poussé à l'inconséquence par la nature du sujet, répand les couleurs de son style sur les tyrans comme sur les victimes, promène son enthousiasme dans tous les camps et semble vouloir se parer, aux yeux de la postérité, d'une impartialité fallacieuse. Mais qu'il ne s'abuse pas! En dépit du soin qu'il a pris de fournir des armes à tous les partis, on sent que, soit prescience de l'avenir, soit aveuglement désintéressé, l'auteur *des Girondins* réserve son admiration pour ces farouches Montagnards auxquels il prête gratuitement les idées qu'il lui plaît de préconiser dans son ouvrage.

Tout est dit sur ce livre dont le but semble avoir été la glorification de Robespierre, cet homme auquel il n'a manqué qu'un peu de temps pour faire légitimer par le peuple sa tyrannie. Devons-nous prendre au mot les vénérations de M. de Lamartine, ou faut-il n'y voir que l'espoir de prendre un rôle dans la révolution qu'il pressentait? Nous hésitons entre ces deux hypothèses, mais l'événement nous incline vers la seconde.

Le prodigieux succès *des Girondins* fut, nous n'hésitons pas à le dire, un malheur public, car il enleva aux admirateurs occultes des Danton et des Robespierre toute pudeur, et recruta partout des séides pour la terreur.

Quel que soit le blâme que les hommes d'ordre de tous les partis firent peser alors sur l'auteur des *Girondins*, ce blâme fut contrebalancé par le succès, et l'homme politique dut voir dans la fête populaire qui lui fut offerte à Mâcon, qu'il avait conquis tous les hommes de révolution. Cette fête, qu'on appela le *grand couvert de la Liberté*, réunit, le 18 juillet 1847, toutes les populations des villes et des campagnes environnantes.

En dépit des menaces du temps qui grondait sourdement, une tente immense que soutenait des colonnes ornées de massifs de verdures avait été dressée pour recevoir les invités au banquet. Un vaste amphithéâtre rempli de spectateurs l'entourait. En contemplant cet immense concours de gens réunis pour lui rendre hommage, M. de Lamartine éprouva, sans doute, un de ces mouvements d'orgueil qui font croire qu'on est plus qu'un homme!

En effet, les acclamations, les chants patriotiques, les discours dans lesquels ont lui disait entre autres choses *qu'il personnifiait en lui l'idée divine de la charité, de la justice et du droit*, semblaient le désigner à l'apothéose quant tout à coup, soit avertissement, soit présage, le plus terrible des orages vint fondre sur les six mille acteurs ou spectateurs de cette fête.

Bravant ce premier choc, les convives restent en place, mais les torrents de pluie, les roulements du tonnerre, les sifflements du vent qui s'engouffre dans les tentures et fait crier les planches de l'amphithéâtre, transforment en statues du Commandeur ces gens si enthousiastes tout à l'heure, et font déserter promptement la foule inondée des spectateurs. Les sanglots de l'orage continuent, le vent redouble sa fureur... Tout à coup du sein de l'orage s'élève, comme un autre orage, le chant de la *Marseillaise*, entonné par les convives et continué courageusement jusqu'au moment où le toit de la tente, frappé par la foudre, s'écroule et tombe à l'instant sur les patriotes et sur le banquet avec un bruit horrible.

Assurément, nous ne sommes pas de ceux qui cherchent des augures dans les moindres événements ; mais si l'on a pu trouver dans les malheurs qui signalèrent le mariage de Marie-Antoinette le présage de ceux qui devaient signaler son règne, il est permis de voir dans l'orage de Mâcon le présage de ceux qui devaient précéder et suivre à Paris l'établissement du régime républicain.

Quelle que fut l'impression que le poète dut recevoir de ce démenti donné par le ciel à sa glorification, l'homme politique n'en fit rien paraître ; et l'orage ayant cessé, il prit la parole pour répandre son âme, dit un de ses « biographes « dans tous ces cœurs, toutes ses intelli- « gences, tous ces dévouements qui attendaient, le splen- « dide baptême de la poésie et de l'éloquence. »

« Jamais, ajoute-t-il, après avoir analysé l'éloquente « prosopopée de M. de Lamartine, jamais aucun tribun « n'avait dépensé autant d'esprit pour donner du cœur « à la politique, jamais l'éloquence n'avait prêté à l'op- « position contemporaine autant de force et d'audace « pour supprimer un fait entre le passé et l'avenir, entre « la révolution et la démocratie. »

« Messieurs, s'écria vers la fin de son discours *M. de « Lamartine qui vient de déclarer qu'il ne veut plus « être un homme, mais un étendard revolutionnaire :* « la révolution française est-elle un accès de frénésie?... « Ah ! si c'est une démence nationale, convenez du moins « que l'accès est long, l'idée fixe... Une pareille folie

« pourrait ressembler à cette folie de la croix qui dure « depuis six mille ans, qui sapa le vieux monde, apprit « aux maîtres et aux esclaves le nom de frères, et re- « nouvela les autels, les empires, les lois et les institu- « tions de l'univers. »

Puis, ajoute le biographe auquel nous empruntons ces citations, quand cet éloquent porte-drapeau a restitué à toutes les révolutions, le spiritualisme des idées luttant contre le matérialisme des faits ; — quand il a célébré les premiers catéchismes révolutionnaires; quand il a bien soufflé sur toutes les vieilles choses avec les aspirations du dix-huitième siècle... l'orateur commence à donner à la révolution, ce géant du passé, un adversaire qui se cache dans les faits réactionnaires de la politique contemporaine.

Nous avons cité ce passage, parce qu'il explique mieux encore que le génie de M. de Lamartine, le mouvement populaire qui, de l'Hôtel-de-Ville, l'aurait porté à la présidence de la République, si, trop faible pour faire prévaloir le côté moral par ses doctrines, il n'eût pas subi le matérialisme des faits.

C'est d'ailleurs du banquet de Mâcon que date la troisième période de la vie du poète socialiste, période pendant laquelle son imagination désertant la rime se met tout entière au service de son éloquence et parant ses ambitieux désirs des couleurs du patriotisme, fait de l'homme le plus aristocratique dans ses mœurs et dans ses manières, le propagateur de la souveraineté populaire.

Nous passerons rapidement sur les résultats de sa propagande pour arriver au point culminant de cette biographie.

On le sait, ce fut un banquet réformiste qui fut le prétexte d'une révolution que la corruption, l'absolutisme et les abus faisaient désirer aux hommes les plus pacifiques.

Tombé aux cris de : *Vive la Réforme!* le trône essaya vainement de se placer sous la protection d'une femme et d'un enfant... MM. Ledru-Rollin, Marie et Crémieux s'inscrivirent contre une nouvelle usurpation et demandèrent un gouvernement provisoire nommé par le peuple. Plus explicite encore, M. de Lamartine proclama sur-le-champ la nécessité de consulter le pays sur la forme du gouvernement qui lui convenait, et consacrant ainsi le principe du suffrage universel, il opposa les droits du peuple aux prétentions de la quasi-royauté.

Nommés par acclamation membres du gouvernement provisoire, MM. de Lamartine, Dupont (de l'Eure), Ledru-Rollin, Crémieux et Marie se rendirent à l'Hôtel-de-Ville, où, sous les coups de la pression populaire, ils commirent l'énorme faute de décréter la République, attentant ainsi à la souveraineté nationale au nom de laquelle venait de s'accomplir la révolution.

Cette faute fut, nous le savons, le résultat des menaces et des exigeances de quelques ambitieux qui s'étant emparés de l'Hôtel-de-Ville, ce siége traditionnel de tous les gouvernements provisoires, voulurent sanctionner leur usurpation, et feignirent de voir dans l'hésitation de plusieurs des membres du gouvernement provisoire l'intention de confisquer à leur profit le pouvoir temporaire dont on venait de les revêtir. Passant à la hâte de bouche en bouche, ces soupçons excitèrent les fureurs du peuple; mais de quelques vociférations qu'elles fussent appuyées par les terroristes, le Gouvernement provisoire et particulièrement M. de Lamartine eurent tort de ne pas en appeler, au risque même de leur vie, de cette fièvre républicaine aux droits de la nation.

Affaibli dès ses premiers pas par une concession qui altérait son principe et par l'adjonction forcée de plusieurs élus du peuple à l'Hôtel-de-Ville, le Gouvernement provisoire se vit en butte aux sommations menaçantes d'un certain nombre d'hommes armés qui, pendant deux jours et deux nuits, inondèrent à plusieurs reprises la place, les cours et les salles de l'Hôtel-de-Ville, sommant le Gouvernement de donner à la République le caractère, l'attitude et les insignes de la première révolution. « Vingt fois, pendant ces soixante-» douze heures, dit M. de Lamartine dans sa lettre jus-

« tificative aux départements qui l'ont élu, vingt fois je « fus soulevé, entraîné, emporté aux portes et aux fe-« nêtres, sur le palier des escaliers, dans les cours, sur « la place, pour parler à ces hommes d'une autre date, « qui interprétaient si mal la volonté du peuple, et pour « refouler les signes de terrorisme qui voulaient désho-« norer la République. »

Retrouvant, en effet, pour préserver son utopie du mépris de l'Europe entière, cette éloquence qu'il aurait dû employer à lui donner la sanction du suffrage universel. M. de Lamartine, appelé à grands cris par cette foule mutinée qui, dans les jours de révolution se fait appeler le peuple, prit souvent la parole, et, bravant les fusils qui menaçaient sa poitrine, il vint à bout de repousser le drapeau rouge.

Non moins courageux en présence des ouvriers socialistes qui, se présentèrent en masse à l'Hôtel-de-Ville, pour exiger du Gouvernement une proclamation qui leur promît *l'organisation du travail*. M. de Lamartine, prenant la parole, leur dit :

« Citoyens, vous me mettriez à la bouche de vingt « pièces de canon que vous ne me feriez pas signer ces « deux mots réunis ensemble, *organisation du travail*, « et je vais vous dire pourquoi. Premièrement, c'est « que je ne me crois ni plus ni moins d'intelligence « qu'aucun des hommes de mon temps et de mon pays, « que j'ai passé quinze année de ma vie à étudier cette « question comme vous l'entendez, et qu'il m'a été im-« possible de la comprendre. Secondement, c'est que je « suis un honnête homme, et que je ne veux pas signer « au peuple un engagement que je ne pourrais tenir. » Voilà certes un noble langage. Quel dommage que la propagande de Louis Blanc au Luxembourg et l'institution des ateliers nationaux soient venus donner des démentis à la fermeté qu'il annonce.

L'abolition de l'échafaud en matière politique fut encore une des inspirations de M. de Lamartine qui s'inscrivit ainsi contre l'admiration qu'il professe dans les *Girondins* pour les hommes de la Montagne.

Rendons aussi justice au brillant manifeste par lequel, repoussant toute idée de propagande, M. de Lamartine s'efforça de conquérir à la révolution de Février le suffrage des nations; et la part étant faite à son courage, à ses bons vouloirs, à ses talents, disons quelles inconséquences inexpliquées et inexplicables compromirent son caractère et lui ont ravi, avec le pouvoir, une des plus belles missions qu'il soit donné à un homme d'accomplir.

Comment se fait-il que cet homme qui, dans les premiers jours de la révolution, dominait les ambitieux, les terroristes et les intrigants par l'ascendant que prêtait à son éloquence l'estime publique, se soit laissé dominer à son tour par l'influence perturbatrice de Ledru-Rollin? Comment se fait-il qu'ayant improuvé les idées et les insignes du terrorisme, il ait défendu, si ce n'est approuvé, les manifestes et les commissaires que son collègue expédiait dans les départements pour démocratiser la France? Comment se fait-il enfin qu'au moment où M. de Lamartine refusait des armes aux refugiés polonais en leur disant que lancer la guerre civile chez les nations étrangères ne serait jamais une tactique à l'usage de la République, la propagande armée, soldée et dirigée par le ministre de l'intérieur essayat de pénétrer en Belgique et portait en Allemagne des germes de révolution dont en ce moment Vienne et Berlin recueillent les fruits amers ?

Dieu nous préserve d'accuser M. de Lamartine d'une complicité que repoussent ses actes personnels sous le Gouvernement provisoire. Nous croyons qu'il a fait son possible pour réprimer les tentatives des agitateurs, nous admettons même qu'il a été sincère et loyal dans ses rapports avec les cours étrangères, mais nous pensons aussi qu'il n'a pas su ou qu'il n'a pas pu déjouer les intrigues extérieures qui se tramaient autour de lui, comme il n'a su ni prévenir ni empêcher les manifestations intérieures qui, le 16 mars et le 15 avril ont compromis le salut de la République.

Est-ce à dire qu'il est comptable du sang versé pendant les journées de juin? — Non, s'il suffit pour se laver d'une semblable tache de décliner une solidarité funeste; oui, s'il est vrai qu'indécis dans sa marche et dans ses idées, M. de Lamartine eut le tort de faire à la République rouge des concessions occultes ou patentes qui exaltèrent ses espérances.

Brisé, avec le pouvoir exécutif par le grand choc qui vint substituer l'arbitraire et l'état de siége aux abus de la liberté, M. de Lamartine a fait de nobles efforts pour expliquer sa conduite et pour séparer sa cause de celle des anarchistes, mais il n'en reste pas moins démontré que s'il est en définitive ce que la révolution de Février a produit jusqu'ici de plus illustre et de plus honorable, il ne possède pas cette netteté de vues et cette fermeté d'exécution qui caractérisent l'homme d'état.

Mobile par essence, et trop poète pour ne pas vibrer avec les masses, M. de Lamartine commit au mois de février l'immense faute de se laisser imposer et d'imposer à la France la République! De là toutes ses inconséquences, toutes ses erreurs. Obligé, pour maintenir sa chère utopie, de pactiser avec les anarchistes, tandis que les tendances de son cœur et de son esprit l'entraînaient vers les hommes d'ordre, il compromit son caractère avec les premiers sans pouvoir être utile aux autres; et ce fier parachute de la République n'a point empêché la foudre de la sillonner.

Il a d'ailleurs perdu, avec le prestige qui l'entourait, le pouvoir de désarmer les masses par sa parole usée à tel point dès le 15 mai qu'un homme du peuple, le type et l'organe des ouvriers, glaça l'inspiration sur ses lèvres en lui criant d'une voix enrouée : *Assez de blague comme cela, Lamartine!*

M. de Lamartine conserve encore cependant l'ambitieux désir de conquérir par la présidence cette haute position que deux millions de suffrages semblèrent lui promettre il y a six mois!

Mais depuis six mois que de leçons reçues, que d'expérience chèrement acquise!

C'est aux hommes de la République qu'on peut surtout appliquer ces paroles de la ballade : *Les morts vont vite !*

Maintenant M. de Lamartine, à son tour, peut entendre retentir à son oreille ce mot fatal qui a fait écrouler deux trônes : IL EST TROP TARD !

LEDRU-ROLLIN.

Ledru-Rollin, né en 1807, est âgé de 42 ans. Sa taille est au dessus de la moyenne. Il porte toujours la tête haute, et son regard fier semble indiquer un homme de résolution. Tout son physique, son air, son geste, sa parole le désignent tout d'abord comme un tribun populaire, vocation qu'il rechercha, comme avocat, dans les causes populaires, qu'il mit ensuite en évidence à la tribune, comme député, et qui s'est enfin énergiquement déclarée en lui à la révolution de Février, dont il a été, en quelque sorte, le premier ministre.

Après ses études de droit, il prit la carrière du barreau, et pour échapper plus vite à l'ennui d'un nom inconnu, il déserta de bonne heure les causes civiles, pour défendre les journaux de l'opposition démocratique la plus avancée, dans les nombreux procès de presse que la révolution de Juillet ne tarda pas à faire naître. Une chose digne de remarque, c'est que les révolutions ne tiennent jamais ce qu'elles promettent, et cela peut provenir de ce que dans les premiers moments de leur victoire, par une lutte qui emporte tout comme un torrent, les révolutions obtiennent plus qu'elles ne l'espéraient durant la longue conspiration qui les préparent. Quand on conspire, on se met d'accord pour renverser, mais quand on a triomphé, on se divise pour reconstruire, tant bien que mal et comme on peut. Arrive alors la curée des places. Les prétentions surgissent, les amitiés s'oublient, tout le monde court à l'assaut des traitements et des grades, et l'on ne s'entend plus; puis, pour couronner l'œuvre, les meneurs, qui ne se sont pas battus, mais qui ont fait battre les autres, escamotent la révolution faite à leur profit, sous la triple devise de liberté, égalité et fraternité; et au lieu d'une république belle et bonne, avec tous ses citoyens heureux, vous avez, d'un côté, l'oligarchie de quelques membres d'un gouvernement vivant dans l'opulence du trésor public, et, de l'autre côté, un brave peuple, se mordant les doigts dans la misère, et las de vaincre et de crier : *Vive la République démocratique et sociale!* Cela s'est vu en 1330, cela se voit en 1848, cela se verra toujours; et, ceci dit à titre de simple observation morale, nous revenons au citoyen Ledru-Rollin.

Nous le reprenons au barreau. Il y obtient des succès. Son talent est reconnu, incontestable; mais il y a tant de grands talents à notre barreau de France, que le sien y restait honorablement en seconde ligne. Ce n'était pas un rang digne de son ambition. Il le comprit, dit adieu à ses confrères de première instance et de la Cour d'assises, et acheta une charge à la Cour d'appel et au conseil d'État.

C'était un plus grand théâtre, judiciairement parlant, et qui avait, en outre, l'avantage de lui laisser plus de loisirs à donner à la politique. Sous la Restauration, il fallait quarante ans pour être admis à la Chambre législative; mais, à la révolution de Juillet, la condition d'âge avait été abaissée de dix ans.

En 1841, Ledru-Rollin avait 34 à 35 ans. Il se trouvait, pour l'âge, dans la condition voulue, et il fut nommé député par le deuxième collége du Mans, en remplacement de Garnier-Pagès qui venait de mourir. Garnier-Pagès était un franc libéral, un républicain honnête et consciencieux, plein d'esprit et de savoir, et qui voulait la liberté, mais la liberté avec l'ordre, l'ordre pour tous, ce que l'on appelle l'ordre enfin, sans circulaires ni bulletins. Aussi Garnier-Pagès a-t-il été estimé et regretté de tous les partis, qui rendent aujourd'hui la même justice à son frère.

Une fois à la Chambre, Ledru-Rollin consacra toute son éloquence aux questions démocratiques. Il ne prenait la parole que sur ces questions-là. En 1833, il avait rédigé une consultation contre le régime des conseils de guerre créés par la mise en état de siége de la ville de Paris. Il publia, en 1834, un Mémoire sur les massacres de la rue Transnonain. M. Thiers doit en savoir quelque chose ; il était alors ministre de l'intérieur, et le maréchal Bugeaud commandant de la force armée, ce qui peut, dès à présent, servir à constater que si, par hasard, M. Ledru-Rollin pensait qu'il est très légal de faire des barricades et de se battre dans la rue contre un gouvernement établi, quand il est monarchique, bien entendu, MM. Bugeaud et Thiers ne sont pas de son avis. Même en république, pourvu qu'on soit bon républicain, comme nous le sommes tous, toutes les opinions honnêtes sont permises.

Dans la session des chambres de 1847, le député du Mans eut deux occasions de se distinguer démocratiquement. Dans l'une, il s'agissait de l'organisation du travail.—Nous en sommes fâchés pour M. Louis Blanc ; mais l'initiative de cette pensée, si féconde en richesses pour l'ouvrier, comme chacun sait, appartient bien à M. Ledru-Rollin, et non au président des séances du Luxembourg, en mars 1848. — Voici le fait : On bâtissait alors un grand nombre de maisons. On bâtit toujours beaucoup à Paris. Or, en ce temps-là, les ouvriers charpentiers se mirent en grève. Ils voulaient déjà une augmentation de salaire et une diminution dans les heures de travail. — Vous voyez que c'est encore une idée qui ne paraît pas être de l'invention de M. Louis Blanc. — Qu'arriva-t-il ? Les maîtres charpentiers refusèrent l'augmention et la diminution. Les ouvriers se mirent en grève. La suspension d'immenses travaux est un événement grave dans une capitale comme Paris. D'une grève à une émeute, il n'y a pas loin. Le gouvernement constitutionnel s'en émut, le conseil des ministres en délibéra, et décida que pour donner aux mutins le temps de réfléchir, on enverrait les soldats de la garnison faire des charpentes. Ce qui fut dit fut fait.

M. Ledru-Rollin ne laissa pas échapper cette occasion d'adresser des interpellations au ministre de la guerre. Il s'agissait des ouvriers; on eut dit qu'il prévoyait qu'il serait un jour leur ministre dirigeant. Ce fut le ministre de l'intérieur qui répondit. Ce pauvre M. Duchâtel avoua que la question de l'organisation du travail lui paraissait, à lui, très difficile, qu'il l'avait étudiée souvent et très sérieusement; mais qu'il n'avait rien pu trouver pour la résoudre, et le débat en resta là. Il est probable que le député ne fut pas satisfait de cette solution négative du ministre; mais il n'insista pas, dans l'espoir, sans doute, d'apprendre plus tard à M. Duchâtel que la chose était très possible avec l'aide de M. Louis Blanc.

Cependant le ministère Guizot perdait tous les jours du terrain, on lui demandait depuis longtemps *la réforme*, la réforme électorale et parlementaire; ce à quoi et pour bonne raison le gouvernement faisait la sourde oreille. Le suffrage universel l'effrayait, et tout prouve aujourd'hui qu'il avait tort. En désespoir de cause, que fit l'opposition de gauche, y compris M. Ledru-Rollin, composant à lui seul l'extrême gauche ou la Montagne de la fin du règne de Louis-Philippe? Ce qu'elle fit, ce qu'on fait encore dans un pays où tout finit par des chansons. En France, on mange, on boit, on chante et l'on rit la veille pour mieux se battre le lendemain. On fit donc des banquets.

Les banquets de Lille et de Dijon, dans lesquels Ledru-Rollin porta si haut la bannière démocratique, sont présents à toutes les mémoires, et dans la discussion de l'adresse, au mois de février dernier, l'orateur grandit encore sa renommée par une chaleureuse improvisation qui tint toute la Chambre haletante d'attention, et qui réduisit à néant l'éloquence de procureur de l'ex-ministre

Hébert, qui trouvait dans la Charte un texte pour l'interdiction des banquets.

Interdire les banquets!.. mais c'était vouloir une révolution! Aussi, elle n'a pas manqué, et pour y arriver, on décida, séance tenante, qu'un dernier banquet aurait lieu à la barrière de l'Étoile. C'était, ma foi, un bon tour à jouer à M. Hébert, et l'on a très bien fait de remplacer cette charte avec laquelle on ne pouvait pas vivre, par une constitution qui non seulement n'interdit pas les banquets, mais qui les permet en ville, hors la barrière, partout et à tout prix, depuis 5 fr. jusqu'à 40 centimes. Rien n'est plus Français et plus patriotique. Il faut que tout le monde vive, même sans payer ou en payant peu. Le vrai type du peuple parisien, c'est le gamin devenu mobile : ce gamin-là se ferait tuer pour un banquet, dût-il n'en avoir que les miettes.

C'est ce fameux banquet, qui pourtant n'eut pas lieu, et précisément à cause de cela, qui décida la révolution. On était alors au 22 février.

Avant d'entrer dans le récit de ce qui s'est passé le 23 février, en ce qui concerne seulement M. Ledru-Rollin, — ne vous effrayez pas, — il nous prend envie de vous conter... un vrai conte bleu sans doute, mais qui a son côté piquant.

A ce banquet de la barrière de l'Étoile, un grand nombre de députés de l'opposition devaient s'asseoir et fraterniser en l'honneur de la réforme; M. Odilon Barrot était un des convives obligés. Assurément M. Barrot était loin de prévoir où ce banquet du 22 février pourrait le conduire, puisque son collègue, M. Crémieux, a dit à la tribune, en juillet dernier, que le 23 février à midi, il n'en savait rien non plus.

On dit donc que M. Barrot fut prévenu la veille, par la police du château, qu'on avait décidé dans un club que, pour motiver une émeute au grand complet, on devait, en se rendant processionnellement à la barrière de l'Etoile, d'après le programme, amener une bagarre comme par hasard, et que, dans la mêlée, on couperait deux têtes pour ameuter ensuite tout Paris en les portant sur des piques. Or, la tête de M. Barrot devait être une de ces deux têtes, et vous pensez que cet incident lui donna fort à refléchir, si bien qu'il se dispensa de faire partie de cette promenade à la barrière. Est-ce vrai, est-ce un faux bruit ou une ruse de la police ? nous n'en savons rien. Demandez-le à M. Barrot ; et de la veille du banquet passons au lendemain.

Le lendemain, 23 février, la révolution commence, les rues sont pleines de monde, des groupes nombreux chantent la *Marseillaise*. On crie : Vive la réforme ! L'agitation marche. Les abords du Palais-Royal, des Tuileries, les boulevarts, les Champs-Elysées sont encombrés de troupes. La bataille commence sur quelques points.

Le 24, le danger s'accroît d'heure en heure. Louis-Philippe, averti, n'a pas le temps de terminer son déjeuner à peine commencé. Il abdique en faveur du comte de Paris, et bientôt après il est obligé de fuir avec une partie de sa famille.

A la Chambre des députés, la séance s'ouvre à une heure. La duchesse d'Orléans s'y rend avec son fils. Elle doit prononcer un discours. MM. Dupin, Odilon Barrot montent à la tribune. Le nouveau ministère est formé. On va proclamer la Régence. Mais les tribunes, déjà envahies par des hommes du peuple envoyés par les clubs, reçoivent un renfort d'environ 50 blouses armées de sabres ou de fusils. Un bataillon de ligne, qui garde la grille du palais, reçoit l'ordre d'un général de ne pas s'opposer au passage des nouveaux venus (c'était, disait-il, l'ordre du roi). Ils entrent dans la salle, tirent quelques coups de feu. La Régence est écartée. On protége la fuite de la mère et du fils. Ledru-Rollin monte a la tribune et dit :

« Je demande au nom du peuple qu'un Gouvernement provisoire soit nommé.

LE PEUPLE. Oui, oui.

LEDRU-ROLLIN. Voici les noms : Dupont (de l'Eure), Arago, Crémieux, Lamartine, Garnier-Pagès et Ledru-Rollin (acclamations). — Nous sommes obligés de lever la séance pour nous rendre au siége du gouvernement.

DE TOUTES PARTS. A l'Hôtel-de-Ville! Vive la République!

Et l'on part pour l'Hôtel-de-Ville. La révolution est faite, et faite par et pour deux journaux : *le National* et *la Réforme*.

Ledru-Rollin était depuis longtemps le chef du journal *la Réforme*.

C'est donc *la Réforme* qui compose d'abord un gouvernement provisoire.

Mais à l'Hôtel-de-Ville le rédacteur en chef *du National* réclame sa part du pouvoir. M. Marrast est admis avec Flocon et Albert, — et ici commence le règne du Gouvernement provisoire. Nous avons cru devoir en poser nettement le point de départ. L'histoire dira le reste.

Suivons Ledru-Rollin. On se partage les ministères. Il prend celui de l'intérieur. Il prend le haut du pavé. Il veut républicaniser les provinces, et malgré les sages remontrances de quelques-uns de ses collègues, il envoie dans les départements des commissaires extraordinaires, choisis parmi les hommes les plus exaltés, et leur donne des *pouvoirs illimités* pour destituer les juges, les généraux, les financiers et tous les employés suspects d'incivisme. Les provinces réclament contre cette terreur. Ses collègues se fâchent et font une proclamation contre cette guerre qui viole tous les principes de la souveraineté du peuple. Ledru-Rollin persiste, et publie chaque jour des circulaires et des bulletins qui soulèvent les populations contre une pareille République renouvelée du Robespierre de 93,— mais cette fois c'est un Robespierre en gants jaunes et de 1848. Autres temps autres mœurs.

Et qui le croirait? Cette épuration générale et violente, ces innombrables destitutions, proposées par ses commissaires en mars et avril, s'opèrent encore aujourd'hui, tous les jours, tant le nombre en est grand! C'est sans doute ce que Ledru-Rollin a appelé *la conciliation* dans un de ses discours à la chambre, en juillet. Cette manière de la pratiquer ne convient pas à la France qui, depuis, a pris son nom comme le drapeau de la République rouge et du communisme. Le peuple est si peu savant qu'il confond ces deux doctrines. A-t-il tort?

On sait le reste, et tout le monde connaît tous les détails du rôle dictatorial et révolutionnaire de Ledru-Rollin pendant l'existence du gouvernement provisoire. Il s'y est fait, pendant deux mois et quelques jours, une renommée qu'on n'oubliera pas. Tous les moyens sont bons quand on veut écrire son nom dans l'histoire d'un peuple.

Mais voilà que son étoile va pâlir. Le suffrage universel a nommé les représentants. L'Assemblée nationale se constitue le 4 mai. Pensera-t-elle comme la France qui l'envoie? Un scrutin significatif va nous l'apprendre.

Le règne du gouvernement provisoire a cessé. Le scrutin est ouvert pour nommer une commission exécutive. La noble conduite de Lamartine lui a valu près de trois millions de voix, magnifique récompense de son énergie sur la place publique et de ses principes modérés, dans le conseil de l'Hôtel-de-Ville : popularité immense qui le désigne d'avance comme le chef providentiel qui doit sauver la France.

Mais, hélas! que la popularité est fragile! Lamartine déclare à la tribune qu'il ne veut rester au pouvoir qu'avec Ledru-Rollin, et la chambre nomme Arago, Garnier-Pagès, Marie, membres modérés du gouvernement provisoire, et Lamartine en quatrième auprès de son ami Ledru-Rollin. — Quelle leçon pour le grand poète! c'est tout ce que l'Assemblée nationale peut faire pour lui et pour le punir du secours imprudent qu'il prête à l'homme que l'opinion publique repousse à l'unanimité comme gouvernant.

Dans la commission exécutive et jusqu'au jour de la chute de ce second gouvernement, Ledru-Rollin s'efface en apparence. Mais il domine encore au dehors par ses amis Caussidière, Sobrier, Blanqui et autres frères et amis, et bientôt arrivent le 15 mai, et puis les terribles journées de juin. Un instant on a cru qu'il était compromis dans la première affaire, et qu'il irait rejoindre Barbès et Raspail à Vincennes. Il paraissait sérieusement incriminé par des dépositions énergiques rapportées par la commission d'enquête. Mais, allant au devant de l'accusation, il l'a provoquée à la tribune avec un véritable talent d'improvisation, il faut le reconnaître; un incident imprévu a empêché l'attaque de se produire. Dans la seconde séance, à minuit, le pouvoir exécutif est venu apporter un réquisitoire qui ne déclarait la conviction acquise de culpabilité que pour Caussidière et Louis-Blanc. Quant à Ledru-Rollin, le réquisitoire n'en dit mot. Qu'il soit innocent ou nom, il l'a échappé belle ! Mais Dieu préserve la bonne République de son retour à la tête des affaires du pays.

Et, certes, c'est un vœu qu'on peut faire quand on songe que sous son ministère Caussidière, préfet de police, chargé de veiller au repos des habitants de Paris, et procédant à l'ordre par le désordre, ainsi qu'il l'a dit lui-même à la chambre, envoyait tous les soirs dans les rues, pêle-mêle comme un troupeau de moutons, des bandes en blouse, crier à tue-tête : *Des lampions !*... Système d'intimidation nécessaire à la tranquillité de la ville. — Et le 15 mai, comme dans les journées de juin, quel était le mot d'ordre donné à l'insurrection ? — Encore Caussidière ! toujours Caussidière !... O grand Caussidière !... A toi le grelot de la police et des émeutes ! — Quelle triste comédie !

Aujourd'hui, grâce au ciel, le représentant du peuple, élu par le deuxième collége du Mans en 1841, ne gouverne plus la France. Redevenu tribun, comme devant, il continue à faire de la propagande dans les nouveaux banquets. Le discours qu'il a prononcé au Châlet est à la fois un appel aux doctrines du socialisme et une déclaration de guerre contre le gouvernement actuel. Ledru-Rollin reproche à ceux qui occupent le pouvoir de ne pas donner *le droit au travail et de n'avoir rien fait pour le peuple*.

Ceux-ci ne peuvent-ils pas lui renvoyer l'accusation avec tout autant de justesse? Ledru-Rollin a été dans le gouvernement investi d'une influence prépondérante, du 24 février au 23 juin. Qu'a-t-il donc fait lui-même?

Où sont ses titres à la reconnaissance du peuple? N'est-il pas un de ceux qui ont le plus contribué à agiter les esprits et à soulever des inquiétudes dans l'opinion publique? Ses grandes mesures révolutionnaires, plagiats inintelligents d'une époque qu'il idolâtre, et que la Franc juge avec beaucoup moins d'enthousiasme, n'ont fait que le déconsidérer, en excitant la défiance universelle et en jetant la discorde là où régnait d'abord l'union la plus sincère. Ce qui lui est propre dans les actes du gouvernement provisoire ne lui donne pas le droit d'avoir le verbe haut à l'égard des autres. Nous en attestons les souvenirs de tout le monde : n'est-ce pas lui, ne sont-ce pas ses allures proconsulaires qui ont créé les premiers embarras et les premières difficultés?

Enfin, Ledru-Rollin est un des candidats à la Présidence, celui de la République rouge, et l'on dit que la France, ruinée par une immense crise dans les affaires et une lourde surcharge dans les impôts, sera encore assez riche en partisans de la démagogie, pour lui fournir un appoint de 4 à 500 mille voix. Si donc la majorité absolue des suffrages n'est à personne, son nom figurera sur la liste des cinq candidats parmi lesquels l'Assemblée nationale doit choisir le président. Tout le monde sait d'avance qu'elle ne nommera pas Ledru-Rollin. — Et Dieu sauve la France!

Maintenant tout est dit sur l'ex-dictateur du Gouvernement provisoire, oublions-le ; et pour compléter cette biographie, nous ajouterons ici, pour mémoire, une petite anecdote assez gaie. Il est bon qu'elle ne soit pas perdue pour l'histoire des destitutions en masse. La voici :

Quelques jours après la séance du 24 février, dans laquelle on devait proclamer la Régence, M. Crémieux, ministre de la justice, dit à M. Dupin, procureur-général de la Cour de cassation :

— « Tu sens bien, mon cher ami, qu'au train où vont les choses, je serai forcé de te destituer. J'en serai désolé pour toi; mais en conscience, je ne puis pas faire autrement.

— « Je le regretterais d'autant plus pour toi-même, répondit, avec un sourire narquois, M. Dupin en tirant un papier de sa poche, que si madame la duchesse d'Orléans avait pu, dans la séance du 24 février, prononcer le petit discours que tu avais composé pour elle, et que voilà, *tout entier écrit de ta main*, il est probable que l'idée de ma destitution ne te serait pas venue. » — A bon entendeur, salut!

M. Crémieux se tint pour averti, et M. Dupin est resté procureur-général de la première cour de la République.

RASPAIL.

Raspail est le chef de cette école incomplète, qu'on désigne sous le nom assez vague de mystique de socialistes. Son premier lieutenant est ce bon M. Pierre Leroux qui [illegible] ces longs [illegible] que vous savez. [illegible] sont deux savants. Personne ne le conteste. Mais rien n'est plus dangereux que les hommes de science. Ils ne veulent [illegible], ils ne [illegible] [illegible] à [illegible] tout le monde [illegible] et d'être toujours à la [illegible] de [illegible] qu'il y aurait à créer des [illegible] pour les [illegible] à la portée de l'intelligence et de [illegible] [illegible]

RASPAIL.

Raspail est le chef de cette école incomprise qu'on désigne sous le nom aussi vague que mystique de *socialisme*. Son premier lieutenant est ce bon M. Pierre Leroux qui débite à la tribune ces longs volumes que vous savez. Assurément, ce sont deux savants. Personne ne le conteste. Mais rien n'est plus dangereux que les hommes de science. Ils ne veulent pas, ils ne peuvent pas s'abaisser à penser comme tout le monde. Leur mission est d'être toujours à la recherche de l'inconnu. Le beau mérite qu'il y aurait à créer des théories impossibles pour les mettre à la portée de la bourgeoisie et de l'atelier ! Nous qui avons cherché longtemps une définition présentable du socialisme qui n'est pas tout-à-fait le communisme, ne confondons pas, nous n'avons trouvé que celle-ci, c'est à prendre ou à laisser : le socialisme est à la vraie société ce que le romantisme est à la littérature classique. C'est un nuage coloré en rouge sous le soleil, d'après les gens qui ont bonne vue et bonne santé ; et, d'après les malades, c'est une vérité inconnue, rêvée qu'on aspire et qu'on souffle devant soi comme le parfum d'une cigarette camphrée. Si ce n'est pas cela, qu'est-ce donc ? demandez-le au discours transcrit plus bas de M. Raspail, aux volumes de M. Pierre Leroux, ou bien aux représentants du peuple, même à ceux de la montagne, tous assez éclairés pour vous le dire, avec un peu de bonne volonté. Et cependant si vous tenez à une explication bien claire, ne la demandez ni à l'Assemblée nationale, ni à M. Pierre Leroux, ni à M. Raspail, et bien moins encore à l'ignorante crédulité de quelques fractions populaires, amies du merveilleux, qui doivent conduire au partage des biens, et qui n'adorent le socialisme, bon ou mauvais, que pour cela.

François-Vincent Raspail, l'une des illustrations du parti démocratique et social, est né à Carpentras (Vaucluse), en 1794.

A dix-huit ans, il était professeur de philosophie dans l'université impériale. L'empire n'était pas socialiste à la manière de Raspail ; mais, quand on est jeune surtout, on peut faire de la philosophie pour vivre sans partager pour cela la politique d'un gouvernement despotique. D'ailleurs, à cette époque, fier de sa pauvreté comme d'un titre de gloire, on dit que Raspail refusa de troquer son habit râpé contre les palmes académiques des Cuviers et *autres valets* universitaires. A ce trait, on reconnaît le savant qui devine le retour de la République, comme M. Arago prédit, sans se tromper, l'apparition d'une comète.

Raspail vint à Paris en 1815. Persécuté, ignoré, obscur, il vécut en donnant des leçons particulières. Il était carbonaro. Les savants ont le privilége de pouvoir être tont ce qu'ils veulent. Il prit part à toutes les conspirations sous les deux restaurations. Il y a des esprits forts, comme Caussidière, par exemple, qui passent toute leur vie à conspirer pour n'en pas perdre l'habitude. C'est d'ailleurs un beau titre que celui de conspirateur partout et toujours. On ne sait pas ce qui peut arriver, et à l'occasion il peut servir et remplacer, avec profit, tout autre état de services.

Après avoir travaillé, avec le plus remarquable talent, à un grand nombre de publications scientifiques, chimiques et autres, il quitta la plume et prit le mouquet sous le soleil patriotique du 29 juillet 1830. Un instant il crut au triomphe de sa foi politique. L'illusion fut de courte durée; ici encore survint un larron qui saisit maître Aliboron, c'est-à-dire qui escamota le trône entouré d'institutions républicaines. Le trône resta debout. Quant aux institutions républicaines, elles ne firent que passer, elles n'étaient déjà plus.

Raspail, à bon droit, fut indigné de cette escobarderie, Louis-Philippe comprit la valeur de cet homme, il voulut se l'attacher, et, le 12 mars 1831, il lui envoya la croix de la Légion-d'Honneur. Raspail refusa cette distinction bien méritée, et fit bien. Un républicain ne doit rien accepter d'un roi, surtout d'un roi qui avait mystifié les vainqueurs à qui il devait sa couronne usurpée. A ce refus, Casimir Perrier furieux s'écria : « *Il faut qu'il accepte ou qu'il pourrisse dans un cul-de basse-fosse.* » Comprend on un propos si brutal dans la bouche d'un homme qui avait passé quinze ans de sa vie à libéraliser la France? C'est exactement la même chose que si, aujourd'hui, on voulait faire pourrir un républicain de la veille dans un donjon de Vincennes. Il y aurait de quoi prendre en haine ou en pitié le régime de la liberté.

Quoi qu'il en soit, des gens bien informés assurent qu'à partir de cette boutade de Casimir Perrier, on organisa contre Raspail ce système de persécution qui semble se continuer pour lui sous la République.

Si vous voulez savoir pourquoi, lisez dans le *Moniteur* la séance du 15 mai dans le palais de l'Assemblée nationale.

Dans cette séance, sous le prétexte de rétablir l'ordre polonais à Varsovie, l'armée indisciplinée des clubs se rua dans l'enceinte législative, et pendant que Barbès décrétait un milliard à prendre sur les riches qui sont tous ruinés, sans en accepter M. Rodtchild, une honnête voix de la foule s'exclama, en interrompant l'orateur : « Tu te trompes, Barbés, *une heure de pillage!* c'est assez! »

Raspail était alors à la tribune, à côté de Barbès, et

au milieu d'une foule compacte qui criait : Vive Raspail ! laissez parler Raspail !

Raspail demande qu'une armée marche au secours de la Pologne, pendant que M. Louis Blanc risque d'être étouffé dans les embrassements du peuple qui crie : A bas les tyrans ! à bas les aristocrates!

M. Huber, debout sur la rampe de la tribune, déclare, au nom du peuple, que l'Assemblée nationale est dissoute.

Raspail se promène au milieu des groupes et d'un tumulte effroyable sans rien perdre de sa dignité. Un savant n'a jamais peur. *Impavidum ferient ruinæ.*

On crie : A l'Hôtel-de-Ville ! et l'on part.

En entrant dans la rue de l'Université, Raspail fut entouré d'un groupe qui interrompit sa marche quelques instants. Il parla à des hommes du peuple qui se joignirent à lui en criant : Vive Barbès ! Vive Raspail ! Une colonne rencontra Raspail dans la rue de Lille. La foule s'accrut à tel point, que M. Raspail se déroba à ces ovations en prenant, avec deux amis, un milord sur le quai Voltaire. Un ami monta sur le siége. La colonne continua sa route. Raspail disparut.

On connaît la suite de cette violation de l'enceinte de l'Assemblée nationale, et l'arrestation des chefs au moment où Barbès composait son gouvernement provisoire.

Raspail parvint à se soustraire d'abord aux actives recherches de la police, comme Blanqui ; mais ils ne tardèrent pas à être découverts.

Voilà comment et pourquoi Raspail est à Vincennes.

Et, chose inouïe, dans les dernières élections pour trois représentants, Raspail, prisonnier pour cause de haute trahison, a été élu à Paris membre de l'Assemblée, *quoique* et *parce que*. Les électeurs socialistes ont voté pour lui comme un seul homme, et la division des électeurs modérés, portant leurs voix sur divers candidats, a produit ce scandale, qui ne se voit et ne peut se comprendre qu'en temps de révolution.

Raspail, qui se trouve trop à l'étroit à Vincennes, a

réclamé son droit de venir prendre part aux séances. Mais la Chambre a passé tacitement à l'ordre du jour sur sa pétition.

Raconter toute la vie de Raspail avant février 1848, ce serait faire l'histoire d'un grand nombre de conspirations et de procès, dans lesquels il a souvent joué un des rôles principaux. Cette revue rétrospective serait sans intérêt aujourd'hui. Nous citerons seulement un trait plus moderne et qui caractérise l'énergie révolutionnaire de ce démocrate au premier type.

Le lendemain du grand événement révolutionnaire, le 25 février, dans la matinée, un bruit sourd agitait les faubourgs: *On va proclamer la Régence!* Ce qui fit supposer cette intention au Gouvernement provisoire, ce fut son hésitation à proclamer la République. La première proclamation avait été été faite au nom du Peuple souverain ; dans la seconde, on promettait un gouvernement républicain. Raspail descend sur la place de Grève, entouré de tout le faubourg Saint-Marceau. Arrivé à la grille : *On ne passe pas!* lui crie-t-on. — *Le Peuple passe!* réplique Raspail. Et le Peuple se mit en devoir d'ébranler la grille à son signal. Arrivé à la salle des délibérations, suivi d'une foule immense, il entre seul dans la salle où siégeait le Gouvernement, et regarde avec dédain ces *soi-disant élus du Peuple :*

« Que faites-vous ici? On dit que vous hésitez à pro-
« clamer la République, et qu'une régence va dominer
« la Révolution. Malheur à vous, si vous y pensez!
« Écoutez ces cris, ces clameurs ; voyez ces épées, ces
« fusils! Si vous n'avez pas mis dans une heure, *Répu-*
« *blique française en tête de vos proclamations*, le
« peuple la proclamera! *Qui sait si vous sortirez*
« *vivants d'ici!* »

« Tant de fiel entre-t-il dans l'âme d'un savant! »

Il n'y avait pas de réplique à cela, et la République fut proclamée.

Nous avons déclaré en commençant que nous avions

été impuissant à trouver une définition satisfaisante, et surtout claire, du socialisme dont Raspail est le grand-prêtre. Un écrit de lui, de 1834, devenu rare et que les journaux n'ont pas répété, renferme ses idées sur le fondement de l'État social. On nous saura gré de les reproduire pour aider d'autres intelligences plus habiles que la nôtre à résoudre cette grande difficulté.

Voici les idées de Raspail :

« Je ne cesse pas de dire que les idées sur la propriété ne résistent pas au plus léger examen ; que le droit de propriété n'est qu'une illusion de l'amour-propre, et non, comme le déclame un partisan de Cujas ou de Bartholle, *un droit inhérent à la personne*, ainsi que notre ombre est inhérente à notre corps, et je le prouve. Dites-moi quel est le droit de ce propriétaire que la loi, pour exploiter sa propriété dans l'intérêt de la chose publique, exproprie forcément? N'est-ce pas le droit d'en percevoir la valeur, soit en capital, soit en intérêts, pour que l'évincé continue à pourvoir à ses besoins et à ses goûts de la même manière qu'auparavant? Mais si, un jour, l'intérêt de la chose publique exigeait que l'Etat exploitât à lui seul toutes les propriétés particulières, à condition de fournir à tous les évincés la même dose d'aisance et de bonheur que chacun d'eux trouvait dans l'exploitation à laquelle il se livrait lui-même, pensez-vous réellement que la société s'apercevrait grandement de cette modification apportée à notre système d'exploitation territoriale. Non ; mais alors, propriétaires, que manquerait il à votre bonheur? la satisfaction de dire au premier venu : *je possède*, et rien de plus, puisque vous n'auriez pas cessé de jouir de votre première aisance. Ainsi, quand l'idée de possession n'implique pas jouissance actuelle ou future, c'est un vain mot qui n'a d'autre mérite que de sonner agréablement à l'oreille, à cause de l'idée de domination et de commandement que notre vieille civilisation y avait attachée, idée accessoire qui ne serait plus que ridicule depuis que la loi nous a déclarés tous égaux.

« Dites-moi donc encore : ce vieillard sexagénaire

qui, par un contrat dispendieusement authentique, a acquis la propriété dont un jeune homme possède l'usufruit; s'il ne revend pas son titre, et s'il vient à mourir avant l'usufruitier, qu'a-t-il réellement possédé hors le droit de pouvoir dire pendant sa vie : *Je possède et un autre jouit,* ou, en d'autres termes : *Je respire la fumée et un autre dévore la rélalité.* Mais Charenton renferme plus d'un propriétaire de cette trempe d'esprit.

« Oui, il pourrait arriver qu'un jour la société, moins absurde que le vieillard dont je viens de parler, s'apercevant tout à coup de l'insuffisance, pour la consommation générale, des produits d'un sol exploité en détail par des mains inhabiles et isolées, vînt à déclarer que l'exploitation en serait confiée à d'autres bras et à une autre direction; et que, pour ne pas laisser mourir de faim tant de propriétaires, l'État se constituât le propriétaire du sol et le fournisseur général de tous ceux qui l'habitent. Cette idée, Messieurs, n'a rien de révoltant et rien d'inexécutable ; l'application en serait alors un bienfait, que chacun de vous bénirait, si, réalisant sa promesse, au lieu d'un titre ruineux et stérile, l'État vous donnait des jouissances et du pain.

« Or, il est plus que probable que tôt ou tard nos enfants se verront forcés de demander à l'État qu'il les dépossède de la sorte.

« En conséquence, j'ai le droit de me déclarer d'avance hautement partisan de cette doctrine : que le sol appartient à l'État, qui s'engage de l'exploiter dans l'intérêt de tous.

« Loin de moi la pensée d'établir par là cette chimère de répartition que l'on est convenu de désigner sous le nom de *loi agraire :* idée absurde et qui n'a jamais pu sortir d'un cerveau philosophe; car si l'*égalité des droits* est une loi immuable, l'*égalité des biens* ne durerait plus deux heures. »

En attaquant aussi vigoureusement l'état social, Raspail devançait les communistes, débordait les saints-simoniens disparus avec leurs doctrines, et s'élevait à la hauteur de ceux qui mènent aujourd'hui l'opinion.

Raspail est le cinquième candidat à la Présidence de la République. Le roi du communisme, M. Cabet, lui a volé bien des suffrages certains en envoyant trop tôt une partie de son peuple en Icarie. On n'est jamais trahi que par les siens.

Exposition Méthodique

DES

PRINCIPES DE L'ORGANISATION SOCIALE

Théorie de KRAUSE

Précédée d'un Examen historique

PAR ALFRED DARIMON.

Un volume grand in-18 : 2 fr.

L'ORDRE DU JOUR

QUESTIONS SOCIALES

Où sommes-nous ? — Où allons-nous ? — Réformes possibles,

PAR FRANÇOIS DUCUING.

1 vol. in-8°. — Prix : 1 fr.

Du Sang! — Pourquoi du Sang?

PAR

AUGUSTE BARBET.

In-18. — Prix : 20 c.

LORD GUIZOT

Sa Politique, — Son Voyage à Londres

PAR CHARLES MARCHAL.

PRIX : 50 c.

Ouvrage publié en 1836, et saisi la même année.

NOUVELLES ÉDITIONS
Des Ouvrages de P.-J. PROUDHON.

DE LA CRÉATION
DE
L'ORDRE DANS L'HUMANITÉ

Où Principes du Gouvernement.

Deuxième Edition augmentée d'une grande quantité de Notes explicatives et d'une Préface par l'*Auteur*.

1 VOL. IN-12. — PRIX : 4 FR.

QU'EST-CE QUE LA PROPRIÉTÉ

(DEUXIÈME MÉMOIRE)

LETTRE A M. BLANQUI

Deuxième Edition.

1 vol. in-12, même format que le premier Mémoire.

PRIX : 1 FR. 50.

www.ingramcontent.com/pod-product-compliance
Lightning Source LLC
LaVergne TN
LVHW020340230826
846091LV00003B/936

* 9 7 8 2 0 1 2 3 9 7 6 6 8 *